브루그만의 글들은 늘 예언적이다. 하지만 하나님의 언약이라는 그분의 인자한 숨결을 느낄 수 있는 그 비밀을 드러내는 데 결코 인색하지 않다. 이 책은 당대의 칼, 기근, 전염병이라는 고난 가운데 부르짖는 구약 인물들의 탄식을 오늘의 위기 상황에서 다시 읽고 새롭게 음미하게 만든다. 그 속에 함께 아파하는 하나님의 눈물과 슬픔이 있음을 우리에게 보여 준다. 나와 우리의 상실 속에 하나님의 상실이 있고, 우리의 비통과 신음 속에 하나님의 비통과 신음이 있음을 알린다. 그래서 지금 우리가 맞는 재난 속에서도 언약을 지키시는 선하신 하나님이 함께하시면, 용기와 소망을 품고 다시 일어설 수 있음을 가슴으로 깨닫게 한다. 하나님은 그분의 약속을 단념하거나 그분의 백성을 포기하지 않으시기 때문이다. 읽으면 읽을수록 더 곱씹고 내 것으로 삼고 싶은 책이다. 위기 속에서 뉴 노멀을 맞는 이 시기에 우리를 다시 겸손히 기도하게 하며 하나님의 말씀인 성경 앞에서 귀 기울이게 한다.

김지철
미래목회와말씀연구원 이사장, 전 소망교회 담임 목사, 전 장신대학교 신약학 교수

전 세계가 코로나19로 정신을 못 차리고 방황하고 있다. 교회도 방향을 잃고 귀담아 들을 만한 메시지 하나 내지 못하는 실정이다. 당장 기도조차 어떻게 해야 할지 모르는 깜깜이 신앙생활에 내몰린 상태다. 이때 이 시대의 세계적인 구약 선생인 브루그만이 혜성같이 나타나 성경을 새롭게 읽고 그 방향을 제시한다. "역시 브루그만이다!" 탄성을 자아내게 하는 탁월한 성경 분석이다. 특히 각 장 끝에 수록된 마무리 기도는 새로운 깨달음과 따뜻한 울림을 선사

한다. 여기서 이 시대의 기도를 배운다. 이 책은 코로나19와 함께하는 세상에서 만나는 유일한 예언자적 메시지이자, 특히 바이러스 목회를 감당해야 하는 일선 목회자들과 신학생들에게 필수적인 목회 백신이 될 것이다.

차준희
한국구약학연구소 소장, 한세대학교 구약학 교수, 전 한국구약학회 회장

팬데믹과 그 이후 시기에 복음 설교자가 전해야 할 것은 무엇인가? 우리 설교자들은 성경을 설교하는 데 월터 브루그만보다 더 신뢰할 수 있는 안내자가 없음을 알게 되었다. 그는 코로나19가 강력하고 예언자적이며 성경적인 설교를 요구하고 있다고 본다. 다시 한번 브루그만은 우리에게 설교할 내용과 그것을 전할 믿음을 제공한다! 매우 경이로운 책이다.

윌리엄 윌리몬
듀크 대학교 실천신학 교수, 『하나님의 나그네 된 백성』 공저자

코로나 관련 책들 중에서도 브루그만의 이 책은 내용의 질이나 어조, 위기와의 관련성 면에서 의심의 여지 없이 단연 가장 뛰어나다. 저자는 성경의 선례를 살펴봄으로써 현재의 위기를 돌아보게 할 뿐 아니라 미래의 위기에 대비한 교훈도 지니게 해 준다. 이 책은 이 폭풍 속에서 굳건한 바위에 우리 몸을 묶어 주는 끈이 될 것이다.

조쉬 올즈
LifeIsStory.com 전문 서평가

다시 춤추기
시작할 때까지

IVP(InterVarsity Press)는
캠퍼스와 세상 속의 하나님 나라 운동을 지향하는
IVF(InterVarsity Christian Fellowship)의 출판부로
생각하는 그리스도인을 위한 문서 운동을 실천합니다.

Virus as a Summons to Faith
Copyright © 2020 Walter Brueggemann, of the English original version
by Walter Brueggemann.
This edition licensed by special permission of Wipf and Stock Publishers.
www.wipfandstock.com
License arranged through rMaeng2, Seoul, Republic of Korea.

This Korean translation edition © 2020 by Korea InterVarsity Press
156-10, Donggyo-ro, Mapo-gu, Seoul, 04031, Republic of Korea.

이 한국어판의 저작권은 알맹2 에이전시를 통하여
Wipf and Stock Publishers와 독점 계약한 IVP에 있습니다.
신 저작권법에 의하여 한국 내에서 보호받는 저작물이므로
무단 전재와 무단 복제를 금합니다.

다시 춤추기
시작할 때까지

월터 브루그만
신지철 옮김

코로나 시대 성경이 펼치는 예언자적 상상력

Ivp

차례

추천의 글 나훔 워드-레브   9
머리말   17

1. 폭풍이 불어올 때   21
   레위기·출애굽기·욥기
2. 전염병…하나님의 자비? 누가 알겠는가?   59
   사무엘하 24:1-25
3. 다시 춤추기 시작할 때까지   73
   예레미야
4. 바이러스 한가운데서 기도하기   85
   열왕기상 8:23-53
5. 자아로부터 하나님께로 돌이킴   103
   시편 77편
6. 하나님이 행하시는 새 일   125
   이사야 43:18-19
7. 탄식의 행렬   131
   이사야 42:14-15

참고 도서   151
추천 도서   153
성경 찾아보기   155

일러두기
이 책에 인용된 성경 구절들은 저자의 설명과 의도를 잘 나타내기 위해 히브리어 원문을 참고하고 NRSV 본문에 기초하여 옮긴이가 사역했습니다. 다른 번역본을 인용한 경우에는 별도로 표시했습니다.

추천의 글

월터 브루그만이기에 이런 책을 쓸 수 있었을 것이다. 미국 인구의 대부분은 지난 6주간 코로나바이러스감염증-19(이하 코로나19)로 말미암은 심각한 위기를 맞아 힘겨운 싸움을 해 왔다. 브루그만은 이 짧은 기간에 심오하고 통찰력이 풍부하며 유용한 책을 썼다. 이 책은 성경의 의미심장한 지혜를 제시함으로써, 현재의 위기에 맞서는 데 진정한 도움을 주고 조언을 들려준다.

브루그만은 오랫동안 성경의 지혜를 전달하는 심오한 전거(典據) 역할을 해 왔다. 두 세대가 넘는 세월 동안, 그는 오늘날의 이슈들과 도전들에 대응하여 구약성경의 통찰들을 훌륭하게 제시해 주었다. 당신이 손에 든 이 작은 책은 영적·심리적·사회적·정치적 측면에서 지침을 제공하는 매우 귀중한 자료다. 지금 주변 이곳저곳에서 발견되는 죽음과 파멸로부터 우리가 어떻게 다시 새로운 삶을 시작할 수 있는지 알려 주기 때문이다.

나는 유대교 랍비로 평생 히브리어 성경(구약성경)을 연구해 오면서, 성경의 지혜가 내가 이제까지 살아왔던 다른 어떤 시기보다 바로 이 시점에 더욱더 적실하며 강력하게 말하고 있음을 깨닫는다. 이 위기의 순간, 우리가 이전에 알던 세상이 이미 지나갔음을 절실히 인식하는 사람이 많을 것이다. 이제 지난날로 되돌아가는 길은 없다. 지금 인류는 긴급하고 힘겨운 배움의 도전에 직면해 있다. 우리는 어떻게 차분히 옛 세상을 단념하고, 상상력을 동원해서 모든 생명체가 번영할 수 있는 새로운 세상을 빚어낼지를 배워야 한다. 우리 앞에 놓인 그 배움의 여정을 위한 지혜를 찾기 위해, 나는 히브리어 성경으로 거듭 되돌아간다. 구약성경의 책들, 특히 토라(모세오경)와 선지서들은 이스라엘 백성의 절박한 요구들에 응하여 수집되고 편찬되었다. 이스라엘은 주전 6세기에 바빌로니아에 의해 예루살렘이 함락되자 포로로 끌려가서 극심한 고난을 겪어야 했다. 구약성경의 이 책들은 사람들이 알고 있던 세상이 이미 사라졌음을 온전히 받아들이게 도와주고, 앞으로 나아갈 길에 대한 비전을 제시해 주기 때문에 거룩하다고 여겨진다. 그렇기에 이 책들은 우리 시대에 닥친 재앙이라는 도전에 맞서게 도와주는 필수적 통찰들을 제공해 줄 수 있다. 브루그만의 이 새롭고 시기적절한 책은 이와 같은 구약성경의 귀중한 통찰들을 풍부하게 탐구한다.

코로나19로 야기된 재난의 상황에서 브루그만은 구약의 선지자들이 재난 한가운데서 들었던 것과 동일한 부름을 듣는다. 곧 살아 계신 하나님과 올바른 관계를 맺으라는 부름이며, 존재하는 모든 생명체와 더 친밀하고 더 배려하며 서로 유익이 되는 관계를 맺으라는 부름이다. 오랫동안 브루그만의 사고의 핵심을 이루어 온 성경의 언어 안에서, 바이러스가 가져오는 파괴적인 결과들은 곧 우리에게 하나님과의 언약 관계를 새롭게 하라고 촉구하며, 그 관계 안에서 우리가 부여받은 여러 책임들을 새롭게 다시 실천하라고 촉구한다.

언약 관계에 대한 브루그만의 논의는 어떻게 인류가 이 재앙을 통과해서 더 생산적이고 포괄적인 미래를 향해 나아갈 수 있을지에 대한 설득력 있는 탐구를 열어 준다. 나는 이 책에서 심지어 재앙의 한가운데서도 자비로써 함께하시는 하나님을 발견하고 감동했다. 또한 인류에 대해 견고하고 한결같은 유대감을 품으시는 하나님을 만나고 소망을 품게 되었다. 그와 같은 유대 관계에 근거해서, 하나님은 심지어 또한 특별히 재앙의 한가운데서도 사랑과 관대함과 환대를 향해 나아가고자 열망하는 인류를 도우신다. 한결같이 인류의 편에 서시는 자비로우신 하나님에 대한 브루그만의 이해는 전 세계적 유행병 속에서도 계속해서 희망을 품고 행할 수 있는 강력하고 영속적인 기초를 제공해 준다.

이 책의 4장('바이러스 한가운데서 기도하기')은 특별히 내 기도 생활에 중요한 도움을 주었다. 브루그만은 하나님과의 언약 관계를 더 깊이 의식하고 그 관계에 집중하게 하는 최우선의 방법으로 기도를 설명한다. 기도 안에서 우리는 하나님과의 신뢰 관계를 구체적으로 나타내며, 기도 안에서 그 관계를 작동하게 한다. 기도를 통해 우리는 하나님의 자비와 우리를 향한 견고한 유대감을 더 잘 깨닫게 된다. 그렇다면 우리는 기도할 때 우리의 요청이 승낙되기를 바라는 것이 아니라 하나님과 우리의 언약 관계가 잘 작동하고 신뢰할 수 있게 되기를, 본질적으로 '재난을 재맥락화하는' 그 관계 자체를 기대하게 된다.

시편 77편에 대한 브루그만의 묵상은 우리를 문제의 핵심으로 데려간다. 그는 현재 재난에 직면한 우리에게 요구되는 방향 전환에 초점을 맞춘다. 곧 보잘것없는 자아(the small self)로부터, 하나님 안에서 발견되는 더 위대한 자아(the larger Self)로의 전환이다. 브루그만의 관점에 따르면, 신비스럽고 알지 못하는 당신(Thou)으로의 이와 같은 전환은 이웃과의 친밀함으로 넘치는 세계, 곧 이웃을 돌보며 그들에게 관대함을 나타내는 공동체를 향해서 담대하고 창의적인 행동을 하도록 인류를 해방시킨다.

마지막 두 장은 새로운 미래를 빚어내도록 우리를 부른다. 코로나19는 억압받고 소외된 사람들이 오래전부터 알고 경험했던 것, 곧 옛 질서는 불공정하며 그대로 유지될 수 없음을 낱낱이 드러냈다. 6장과 7장에서 브루그만은 하나님이 '새 일'을 행하시며, 새롭고 번영하는 세상을 위해 인류에게 급진적이고 예언자적인 상상과 행위를 요청하는 이사야서의 약속의 메시지를 들려준다.

이사야서의 찬란한 약속과 함께, 브루그만은 해산의 고통 가운데 있는 여인처럼 신음하며 숨을 가쁘게 몰아쉬시는 하나님의 모습을 떠올리게 하는 이사야 선지자의 놀라운 환상을 가리킨다. 완전히 새로운 것을 빚어내는 일은 하나님에게 아무 고통 없는 일이 아니다. 나아가 그와 같은 출산은 우리에게도 아무 고통 없는 일이 아니다. 새로운 세계의 도래에는 대가가 필요하다. 그 대가는 옛 창조세계가 실패했다는 것과 그러므로 이를 버리고 단념하며 회개해야 함을 전적으로 인정하는 것이다. 그러한 포기는 고통스럽다. 그럼에도 우리는 이와 같은 포기와 새로운 출산으로 부름받았다. 브루그만은 살아 계신 하나님과 우리가 맺은 언약은 그것에 기초한 책임을 감당하도록 요구한다는 것과, 동시에 하나님은 우리에게 자비와 변함없는 유대 관계와 한결같은 사랑을 베풀어 주셔서 우리가 그 요구를 충분히 이루어 가게 하신다는 사실을 일깨워 준다.

오랜 세월 월터 브루그만의 제자로 지내 온 나는 그에게 깊은 존경을 표하면서 이 추천의 글을 마무리하고자 한다. 나는 수년간 스승과 학생으로서 그와 맺어 온 관계 덕분에 이 글을 쓸 기회를 얻었다. 우리의 관계는 한 통의 편지에서 시작되었다. 2009년에 내가 이끌던 연구 모임은 히브리어 성경에 드러나는 하나님의 맹렬한 분노라는 이슈로 골머리를 앓고 있었다. 브루그만의 저서들을 진지하게 탐독하던 독자로서, 나는 그가 이 주제에 대해 어떻게 생각하는지 궁금했다. 기쁘게도 그에게 편지를 쓰자마자 곧 답장을 받았다. 대단히 사려 깊고 진솔하고 겸손한 답변이었다. 이후 몇 년에 걸쳐 연구 모임에서 선지서들을 점점 더 깊이 읽어 가면서 나는 브루그만에게 더 많은 편지를 보냈다. 편지가 이메일이 되고 또 전화 통화로도 이어졌다. 그 후로 선지서들에 대해 글을 쓸 때도 나는 그에게 정신적·학문적 도움을 받았다. 다양한 방식으로 소통할 때마다 그는 매번 나에게 관대하게 시간을 내주면서, 마음속 깊은 데서 우러나오는 진지한 태도로 훌륭한 통찰과 도움을 많이 제공해 주었다. 그는 성경의 진리들을 자신의 삶에서 구체적으로 실천하는 방법에 대한 훌륭한 스승이다.

    이전에 그가 쓴 책들도 널리 읽혔지만, 이 새롭고 중요한 책을 통해서 이 시점에 꼭 들어맞는 내 스승의 가르침이 수많은 독자에게 더욱 널리 전달되기를 기대한다. 이 책은 주목할 만한 가치가 있다. 이 책을 읽는다면, 우리를 위로하고, 도전하도록 격려하며, 이 어려운 시기를 잘 통과하도록 이끌어주는 이 귀중한 책에 대해 브루그만에게 진심으로 감사할 것이다.

2020년 4월 24일

뉴멕시코주 샌타페이에서

랍비 나훔 워드-레브

머리말

코로나19가 전 세계적으로 유행하는 지금, 신앙 공동체의 지도자들은 비판적 신앙의 렌즈로 이 바이러스를 해석한 어떤 논평을 제시해야 하는 상황 또는 책임(혹은 둘 모두)에 직면해 있을 것이다. 또는 반대로, 이 바이러스라는 렌즈를 통해 어떻게 비판적 신앙을 더 절절히 이해할 수 있는지 논평해야 하는 상황 또는 책임에 직면해 있을 것이다. 내가 이 책에서 제시하는 묵상들은 그와 같은 상황과 책임을 받아들이려는 시도다. 바이러스로 말미암은 현재의 위기와 관련하여, 내가 생각하는 것이 비판적·신학적·성경적으로 생각하고 말하는 방법에 대한 격려와 제안이 되기를 희망한다. 그럼으로써 신앙 공동체가 담대함과 기쁨으로 교회의 선교적 정체성을 계속 지켜 나가기를 바란다.

책을 읽으면 곧 알게 되겠지만, 각 사례마다 나는 성경 텍스트에 세밀한 관심을 기울인다. 왜냐하면 성경 교사로서 나는, 심각한 위기는 우리에게 성경을 새롭게 다시 읽으라고 요구한다는 것을 믿기 때문이다. 나는 바로 지금이 우리가 그와 같은 요구에 반드시 응답해야 하며 그럴 수 있는 시점이라고 생각한다. 나는 먼저 어떤 성경 텍스트를 면밀하게 살펴보고 나서, 텍스트에 관한 연구로부터 몇 가지 가능한 추론들을 끌어내어 탐구하며, 우리에게 제기하는 과제들을 확인하는 방식으로 책을 전개해 나갈 것이다.

이 위기의 시기에 매우 어려운 목회 현장 속에서 살아가며 활동하고 믿음을 실천하는 많은 동료들을 알고 있다. 나는 이 책을 통해 그들과 연대하고, 그들의 사역을 위한 자원과 에너지를 제공하고자 한다.

이 책에는 이미 발표했던 두 편의 글이 포함되어 있다. 먼저 시편 77편을 해설한 "자아로부터 하나님께로 돌이킴"("The 'Turn' from Self to God", *The Journal for Preachers* 9, 1983년, 8-14)이다. 이 시편에서 시인은 자신을 언급하다가 갑자기 하나님을 향해 당신(Thou)이라고 부른다. 지금 널리 퍼진 바이러스의 한가운데서, 우리도 자율을 추구하는 자아가 얼마나 불완전한지 절실히 배우며 이와 같은 전환을 경험하고 있다. 둘째로는 "탄식의 행렬"("The Matrix of Groan", *The Journal for Preachers* 24/2, 2001년, 17-23)을 개정해서 이 책에 실었다. 이 글은 믿음을 위해 크게 탄식하는 것의 중요성에 관해 다루었다. 바이러스의 한가운데 있는 지금 우리도 상실과 두려움과 죽음과 관련해서 그와 같이 탄식하는 행렬 속에 있다. 하나님이 이제 우리에게 주실 새롭고 좋은 미래를 받기 위해서 우리가 또다시 탄식의 행렬 한가운데서 기다려야만 한다는 것은 분명하다.

책이 출간되기까지 작업을 지켜봐 준 K. C. 핸슨(Hanson)과 위프 앤드 스톡(Wipf and Stock) 출판사에 늘 감사한다. 사려 깊은 추천의 글을 써 준 내 친구, 뉴멕시코주 샌타페이의 랍비 나훔 워드-레브에게도 감사한다.

이 책의 1장 "폭풍이 불어올 때"는 「설교자 저널」(*Journal of Preacher*, 2020년 3월)에 처음 실렸다. 이 글을 쓰기에 매우 적합한 시점은 종려주일인지도 모른다. 예수님 자신이 구현하고 그분을 통해 제자들에게도 전달되어 당대 지도층을 당혹스럽게 한 그분의 특별한 권능을 기념하는 절기이기 때문이다(막 11:18). 대부분의 세상이 주목하는 능력과 달리, 예수님의 권능은 변화시키는 힘이 있는 연약함과 어리석은 지혜의 힘이다. 이 불가사의한 권능은 이제 그분을 따르는 신앙 공동체에 맡겨졌다. 현재의 위기 상황에서 그 권능이 어떤 형태로 나타날 것인지 상상하기 위해서는 대담한 시도가 필요하다.

우리가 그 상상을 할 때, "호산나"라는 기쁨에 찬 외침을 기억할 필요가 있다. 이 말은 기쁨의 환호였지만, 원래는 "간구하오니, 우리를 구원하소서!"라는 열렬한 간청이었다. 이 **환호**와 **간청**의 낯선 조합은 이제 우리가 믿음을 신실하게 실천하는 데에도 적합한 분위기일 것이다.

2020년 종려주일

컬럼비아 신학교에서

월터 브루그만

1

폭풍이 불어올 때
레위기·출애굽기·욥기

> 우리의 작은 몸은 한때가 있고,
> 한때를 보내고 나면, 멈추어 섭니다.
> 그것은 단지 당신의 부서진 빛 조각이니,
> 오 주님, 당신은 그보다 훨씬 더 크십니다.
> 앨프리드 테니슨, "A. H. H.를 추모하며"

> 나는 그것[코로나19]을 하나님의 행위로 이해하지 않습니다.
> 나는 그것을 아무도 다가오는 것을 보지 못했던 어떤 것으로 이해합니다.
> 도널드 트럼프, 2020년 3월 19일

좀체 사라지지 않는 바이러스의 파괴적 기세는 우리의 최고의 과학을 불러내 인류의 비상사태에 응답하도록 요구했다. 좀처럼 사라지지 않는 그 파괴력은 또한 참신한 신학적 고찰을 요청했다. 이 장에서 나는 '전염병'의 출현에 관해 구약성경에 나타나는 몇 가지 복합적 해석안을 탐구하고자 한다.

성경의 시야에서 보면, 전염병은 이런저런 측면에서 하나님의 실재와 연관성이 있다. 우리는 하나님과 연관성이 있는 전염병의 실재에 대해 구약성경에서 적어도 세 가지(어쩌면 그 이상의!) 해석안을 찾아낼 수 있을 것이다.

언약의 집행 방식

첫 번째로 가장 명백한 해석 가능성은 바로 **언약의 집행 방식**(transactional mode of covenant)이다. 언약은 질서가 엄밀하게 유지되는 세상에서 '선한 사람은 형통하고' '악한 사람은 고통당한다'라는 단순한 전제에 기초하여, 명령에 순종할 것을 요구한다. 순종은 보상을 받는 반면 불순종은 벌을 받는다. 시편 1편에는 이와 같은 추론 체계가 명백하게 표현되어 있다.

주님은 의인들의 길을 지켜보시지만,
   악인들의 길은 망할 것이다. (시 1:6)

율법의 축복과 저주에 대한 두 가지 위대한 선언에서도 그와 같은 추론을 찾아낼 수 있다.

만약 이런 벌들을 받는데도, 너희가 내게로 돌아오지 않고, 계속해서 내게 대항한다면, 나도 너희에게 계속해서 대항할 것이다. 나 자신도 너희가 지은 죄를 일곱 배로 보복할 것이다. 내가 너희에게 칼을 보내서, 너희가 언약을 어긴 것을 보복할 것이다. 만약 너희가 너희의 여러 성읍으로 피하면, 내가 너희 가운데 전염병을 보낼 것이다. 그리고 내가 너희를 원수의 손에 넘겨줄 것이다. 내가 너희의 양식을 끊으면, 열 여인이 한 화덕에서 너희의 빵을 구울 것이다. 그리고 그 여인들은 빵을 저울에 달아 너희에게 줄 것이다. 너희가 먹어도, 배부르지 않을 것이다. (레 26:23-26)

이 표현은 정확하게 대칭을 이룬다. 곧 너희가 적대하면, 나도 적대할 것이다! 하나님의 적대감은 보복의 **칼**이라는 형태를 취한다. 또 전쟁터에서 도망치면, **전염병**이 뒤따른다. 그리고 전염병의 결과는 **기근**이다. 우리는 이와 같은 하나님의 거대한 삼중 반응에 직면한다. 더욱이 그 삼중 반응은 명백히 연속적으로 나타난다. 전쟁으로부터 전염병이 오며, 전염병으로부터 기근이 찾아온다. 이것이 이미 분명히 기록된 율법 위반의 결과다. 여기에 불확실성은 전혀 없다. 이 저주들은 결코 자연의 위협이 아니다. 그것들은 율법이 규정하는 삶의 방식에 따라 이스라엘이 선택할 수도 있는 미래를 간략하게 진술하는 것이다.

국가 전체의 인구 조사를 실시한 다윗에 대한 하나님의 반응을 언급하는 서술에서도(삼하 24:12-13) 똑같은 삼중 반응이 작용함을 볼 수 있다. 이때 다윗이 칼을 든 '사람의 손'에 고통당하는 것보다, 하나님이 직접 벌하시는 행위이기 때문에 전염병을 선택한다는 사실은 주목할 만하다. 심지어 다윗은 사람들 사이의 상호 관계에서는 기대할 수 없는 '자비'를 하나님의 그러한 징벌에서 찾을 수 있다고 믿는다. 더욱이 역대하 20:9에서는 성전에서 하나님께 드리는 기도가 하나님의 삼중 심판에 대한 유일무이한 해결책으로 언급된다. 이와 동일한 삼중 심판을 '종말의 말 탄 자들'에서도 볼 수 있다(계 6:8). 이 사안에서는 어떠한 지체도 없이 제재가 이루어진다. 곧 단순한 동등 보응(*quid pro quo*)이다.

저주들에 대한 두 번째 선언에서도 동일한 추론이 더 자세한 설명과 더불어 언급된다.

주께서 너희가 들어가 차지하려는 땅에서 너희가 전염병에 걸리게 하셔서, 마침내 그 땅에서 너희를 멸하게 하실 것이다. 주께서 폐병과 열병과 염증과 무더위와 한발과 마름병과 깜부기를 내려서, 너희를 진멸하실 것이다.…주께서 너희가 너희의 대적들 앞에서 패하게 하실 것이다.…너희가 알지 못하는 백성이 너희

땅의 열매와 너희의 수고로 얻은 모든 것을 먹을 것이다. 너희는 계속해서 압제를 받고 짓밟힐 것이다. 너희는 너희의 눈으로 보게 될 것으로 말미암아, 미치고 말 것이다. (신 28:21-34)

그와 같은 고통의 원인은 바로 "너희가 나를 저버렸기" 때문이다(20절). 21절에서 전염병이 온 다음, 25절에서 칼이 나타나고, 30-33절에서 대적이 모든 양식을 빼앗아 가므로 기근이 닥칠 것이다. 레위기 26장과 동일하다. 다시 한번, 하나님은 지체 없이 제재를 가하신다.

전반적으로 선지서에 언급되는 '율법 소송'(lawsuits)은 **순종/불순종** 및 **축복/저주**에 대한 전제를 공유한다. 선지서의 수사법에서 언약에 기초한 **명령**은 불순종에 대한 **고발**을 유발하며, **저주**는 **예언적 심판**이 된다. 동일한 논리다. 이 논리는 또한 선지서의 담론 곳곳에 배어 있다. 특히 예레미야서와 에스겔서에 가장 강력하게 나타나는데, 이 특별한 전승들은 하나님을 거역하던 유다 왕국의 종말과 가장 밀접하게 연결되어 있기 때문이다. 따라서 거짓 선지자들에 대한 예레미야서의 관심은 분명히 신명기의 전승에 기초해서 형성되었다.

그 선지자들은 그들에게 이렇게 말합니다.
"너희는 칼을 보지 않을 것이다.

너희에게 기근이 닥치지 않을 것이다.

> 오히려 내가 너희에게 이곳에서 참된 평화를 누리게
> 할 것이다." (렘 14:13)

예레미야 15:2에서 예레미야는 또다시 삼중 반응을 언급한다. 여기서 포로 됨이라는 네 번째 요소가 추가로 제시되는데, 패턴은 동일하다.

전염병에 걸려 죽을 자는 **전염병**에 걸려 죽고,

칼에 맞아 죽을 자는 **칼**에 맞아 죽고,

기근을 당할 자는 **기근**으로 죽고,

포로로 끌려갈 자는 **포로로 끌려갈** 것이다.

예언적 전승은 예루살렘 성읍에 닥칠 고난의 삼중 구조를 일관되고 빈번하게 되풀이한다(렘 21:9; 24:10; 29:18; 32:36; 34:17; 38:2; 42:17, 22; 44:13; 이와 같은 용례들이 대부분 산문체로 기록되어 있다는 점에 주목할 필요가 있는데, 이는 틀림없이 후대에 편집되었음을 반영한다). 해석과 관련된 이 중요한 언약적 궤도 안에 언약에 근거한 제재의 전제들이 온전히 작동하고 있음이 명백하다. 예레미야서와 시기적으로 가장 가까운 에스겔서에서 나타나는 동일한 반복이 그 증거다(겔 6:11; 7:15; 12:16).

선지자들이 신명기의 언약 전승에 기초한 이 동등한 보응 계산법을 제시한 것은 언약 위반 때문에 예루살렘이 야웨로부터 멸망이라는 심판을 받았다는 근거가 된다. 따라서 (칼 및 기근과 더불어) '전염병'은 하나님이 의도하신 창조세계의 언약 질서를 위반하는 이들에게 하나님의 심판을 실행하는 도구다.

  더 '합리적인' 해석의 범주들을 고려할 때, 이와 같은 추론은 야만적이고 혐오스럽게 느껴질 수도 있다. 그렇지만 다음 두 가지 이유에서 우리는 이 추론을 계속해서 내세울 수 있다. 첫째, 이 추론 체계는 하나님의 창조세계가 신뢰할 만한 도덕적 목적에 따라 질서가 정해져 있으며, 그 목적은 타협 불가능하다는 확신에 기초하고 있다. 내가 판단하기로, 신뢰성과 관련하여 매우 기본적인 이 확신은 경솔하게 포기할 수 없다. 왜냐하면 그와 같은 신뢰성은 상대주의나 상황에 따른 차이로 인해 양보할 수 없는 것이기 때문이다. 그것은 '정말로 모래 위에 선이 그어져 있는가?' 하고 질문할 수 있는 경이로움의 기회를 우리에게 남겨 준다. 이 추론 체계를 고수하는 두 번째 이유는 그것이 매우 좋은 의도와 진지한 태도를 지닌 많은 사람의 무비판적 전제이기 때문이다. 그것은 우리가 자녀들에게 어린 시절부터 그 안에서 행동하도록 되풀이해서 가르치는 것과 같은 '기준선'이다. 우리는 이 세상에 도덕적 일관성을 지닌, 타협 불가능하게 주어진 사실들이 있음을 믿고 신뢰한다. 비록 그것들의 정확한 내용이 무엇인지 불분명하거나 그에 대한 의견의 일치가 쉽사리 이루어지지는 않지만 말이다. 사실 이런 사안들을 계속 탐구해 나가는 것은 과학이 맡은 중요한 역할이다.

야웨의 의도적 권능 행사

두 번째 해석적 궤도는 야웨가 **그분의 특정한 목적들**을 실행하기 위해서 **목적의식을 가지고 권능을 행하심**을 나타낸다. 이 궤도는 앞에서 살펴본 언약의 집행 방식과는 다르다. 왜냐하면 하나님이 이와 같은 권능을 드러내시는 데에는 '동등 보응'에 명백하게 해당하는 것이 없기 때문이다. 동등 보응은 때로 암시되고 추론될 수 있으나, 명백하게 표현되지는 않는다. 따라서 이 궤도는 야웨가 어떤 목적을 이루기 위해 결심하시고 권능을 행하시는 것에 강조점을 둔다.

이 궤도는 '재앙들'(하나님의 치심)이 연속적으로 일어나는 출애굽 내러티브에서 규범적 특징을 보인다. 연속되는 이 열 개의 재앙은 바로가 다스리는 이집트에 해를 입혀 히브리 노예 공동체를 바로의 잔혹한 통치로부터 해방시키려는 행위들을 특징적으로 보여 준다. 이 연속되는 열 가지 사건은 하나님이 권능을 강력하게 드러내심으로써 바로가 야웨의 권능과 경이로움을 알아볼 수 있게 하려는 것이다. 이 내러티브에서 벌어지는 격렬한 사건들을 '이적들'(miracles)이라고 부르는 것은 그 용어가 ('자연 질서의 위반'이 아니라) 거룩하신 하나님의 권능을 드러내는 것으로 이해되는 한 적절하다. 한 가지 자연적 사건은 또 다른 사건이 일어나게 하는 원인을 제공한다는 식으로 그 재앙들의 순서를 일련의 자연적 인과 관계와 같이 '설명하려는' 시도들이 있었다. 그렇지만 그 해석은 해당 내러티브의 강조점을 올바로 파악하지 못하는 것이다. 그 내러티브의 목표는 하나님의 계획을 성취하는 가운데 창조세계의 다양한 요소들을 동원해서 창조주 하나님의 능력을 드러내는 것이다.

출애굽 내러티브에서 하나님의 계획은 히브리 노예 공동체를 해방시키시는 것이다.

> 나는 이집트 사람들의 무거운 짐 밑에서 너희를 자유롭게 하고, 그들의 노역에서 너희를 건져 낼 것이다. 내가 내 팔을 펴서, 권능 있는 심판의 행위들로 너희를 구원할 것이다. (출 6:6)

구출의 결과는 해방된 공동체가 언약 관계를 맺는 것이다.

나는 너희를 내 백성으로 삼을 것이며, 나는 너희의 하나님이 될 것이다. 너희는 내가 너희를 이집트 사람들의 무거운 짐으로부터 빼낸 너희의 주 하나님임을 알게 될 것이다. (출 6:7)

출애굽기 14:30의 결론도 하나님의 동일한 계획을 반영한다.
　이와 대조적으로, 제사장 전승은 출애굽을 야웨의 명예(영광)를 드높인 수단으로 이해한다.

내가 바로의 마음을 완악하게 할 것이다. 그가 너희를 뒤쫓아 올 것이다. 그래서 내가 바로와 그의 모든 군대 위에 나 자신을 위해서 영광을 드러낼 것이다. 그리고 이집트 사람들은 내가 주라는 것을 알게 될 것이다. (출 14:4, 17-18)

이 두 가지 강조점은 모두 바로에 맞서 의도적으로 행동할 것을 요구하는 **해방**의 행위들로 말미암아 야웨의 명예가 **드높아졌다**고 주장한다. 두 가지 목적은 서로 분리될 수 없다. 한편으로, 야웨의 권능을 드러냄으로써 이스라엘은 야웨가 하나님이심을 알게 된다(출 6:7; 7:17; 10:2; 11:7). 다른 한편으로, 이집트도 야웨가 하나님이심을 알게 된다(출 7:5; 8:10, 22; 9:29-30; 14:18). 하나님의 권능이 이처럼 매우 강력한 형태로 드러남으로써 **이스라엘과 이집트**는 같은 교훈을 얻었다.

더욱이 바로가 통치하는 땅에서 **야웨가 파괴적 권능을 드러내신 목적**은 매우 정확하게 묘사된다. 이는 야웨가 이집트와 이스라엘을 구별하신다는 언급에서 명백하게 드러나며, 그래서 그 파괴적 권능을 사용하는 것에는 다음과 같이 확인할 수 있는 특정한 역사적 목표가 있다.

주께서 이스라엘의 가축과 이집트의 가축을 구별하실 것이다. 그래서 이스라엘 자손에게 속한 것은 아무것도 죽지 않을 것이다. (출 9:4)

그리고 주께서 이집트 땅 위에 우박을 퍼부으셨다. 우박이 쏟아져 내리는 한가운데 번갯불도 함께 번쩍거렸다. 이집트에 나라가 선 이후로, 이처럼 큰 우박은 이집트 온 땅에 한 번도 내린 적이 없었다. 우박은 이집트 온 땅에서 사람과 짐승뿐만 아니라 모든 것을 쳤다. 우박은 들에 있는 모든 식물을 쳤으며, 들에 있는 모든 나무를 부러뜨렸다. 오직 이스라엘 자손이 살고 있던 고센 땅에만 우박이 내리지 않았다. (출 9:23-26)

이집트 땅에 있는 처음 난 것은 모두 죽을 것이다. 왕위에 앉아 있는 바로의 장자로부터 맷돌 뒤에 있는 몸종의 장자와 모든 가축의 처음 난 것까지 죽을 것이다. 그래서 이집트 온 땅에서 큰 부르짖음이 있을 것이다. 그와 같은 부르짖음은 이제까지도 없었고, 또 앞으로도 없을 것이다. 그러나 개 한 마리도 이스라엘 자손에게—사람뿐 아니라 짐승을 향해서도—짖지 않을 것이다. 이로써 너희는 주께서 이집트 사람과 이스라엘 사람을 구별하신다는 것을 알 것이다. (출 11:5-7)

이 내러티브는 '자연의 힘'이 지닌 이와 같은 광포한 파괴력은 우연이 아니며, 역사적 측면에서 이스라엘과 이집트를 구별하는 것과도 무관하지 않다고 강조한다. 하나님의 권능이 나타난 것을 강조하는 의도는 그 같은 파괴적 행위가 단순한 '자연적 사건'이 아니라는 인식과 맥을 같이한다. 그것은 바로 하나님의 특정한 역사적 의도를 실행하는 고의적 행위다. 그뿐 아니라, 이와 같은 역사적 의도는 시편 105:26-36의 재앙 묘사에서 찬양의 형태로 자세하게 설명된다. 거기서는 그와 같은 파괴가 이집트 온 땅에서 대규모로 일어났다고 묘사된다. 37절의 대조 접속사 "그러나"는 황폐해진 이집트와 해방된 이스라엘을 서로 대조하는 역할을 한다.

그러나 그는 이스라엘이 은과 금을 가지고 나오게 하셨다.
그리고 그 지파들 가운데 한 사람도 비틀거리지 않았다.
(시 105:37)

이러한 파괴의 한가운데서도 이스라엘은 전혀 해를 입지 않았다! 그러므로 파괴를 가져온 재앙들은 의도적이고, 고의적 행위로 추진되었으며, 새로운 역사적 백성 이스라엘의 출현이라는 특수한 역사적 상황을 목표로 했다는 것을 인정하지 않고서는 출애굽 내러티브를 제대로 읽을 수 없을 것이다(출 4:22을 보라).

그와 같은 파괴적 권능은 이사야 2:12-17의 주목할 만한 시에서도 분명하게 묘사된다. 이 시에서는 야웨가 실행하시는 심판을 나타내는 '…에/에게'(against)라는 단어가 두드러지게 나타난다. 또 이 시는 10절과 19절에서 야웨로 말미암는 두려움을 피해 숨으라는 경고로 수미상관 구조를 이룬다. 더욱이 그 경고에는 하나님이 초래하는 두려움으로부터 숨을 곳이 전혀 없다는 더 깊은 깨달음이 녹아 있다.

주의 두려움과
    그의 위엄의 영광을 피해서
너희는 바위틈으로 들어가고,
    티끌 속에 숨어라.
    …
만군의 주께서 한 날을 준비하셨기 때문이다.
    모든 교만한 자와 거만한 자에게

모든 높은 자와 높이 들린 자에게
레바논의 높이 우뚝 선 모든 백향목에
　바산의 모든 상수리나무에
모든 높은 산에
　모든 솟아오른 언덕에
모든 높은 망대에
　모든 견고한 성벽에
다시스의 모든 배에
　모든 아름다운 조각물에.
그날에 사람들의 오만이 낮추어질 것이다.
　모든 사람의 교만이 낮아질 것이다.
　오직 주께서만 높임을 받으실 것이다.
…
주께서 땅을 뒤흔드시려고 일어나실 때,
　주의 두려움과
　그의 위엄의 영광을 피해서
너희는 바위굴로
　바위틈으로 들어가라. (사 2:10-21)

야웨가 초래하는 두려움의 대상은 오직 시적 비유로만 확인할 수 있다. 곧 교만한 자와 거만한 자, 높은 자와 높이 들린 자, 레바논의 백향목과 바산의 상수리나무, 높은 산과 솟아오른 언덕, 높은 망대와 견고한 성벽, 다시스의 배와 아름다운 조각물, 오만함 같은 것이다. 그러한 형상들은 끌어내려진다! 그 형상들이 가리키는 것은 이사야서가 쓰인 배경을 언급하지 않고는 명확하게 알 수 없는데, 배경을 살펴보면 이 비유는 상업적이고 군사적인 것을 가리킨다. 그리고 이러한 맥락에서 이 시는 예루살렘에 있던 유다 왕조 및 성전의 지배층을 언급하는 것이다. 이사야 선지자는 그들이 하나님을 거역하는 오만함을 가시적이고 역사적이며 정치적인 행위로 실행한다고 여긴다. 여기서 지배 계층을 공격하는 방식이 구체적으로 언급되지는 않는다. 그 비유적 표현은 커다란 나무를 넘어뜨리는 거센 바람—일종의 자연의 힘—을 암시할 수도 있다. 그렇지만 이 맥락에서 그와 같은 위협은 앗시리아 군대를 동원하는 것(그리고 이후에 벌어질 바빌로니아의 위협)일 개연성이 높다.

여기서 이사야 선지자는 부차적 원인에 관심을 기울이지 않는다. 그날은 '바람의 날'도 앗시리아의 날도 바빌로니아의 날도 아니다. 그날은 바로 '야웨의 날'이다! 그날에 하나님은 선지자가 내다본 것처럼 상업과 군대의 지배자들도 두려워 떨게 만드는 세력을 동원하실 것이다. 이사야 2장은 "사람"(the Man, 22절)을 의지하지 말라는 명령으로 마무리된다. "사람"은 창조주가 주신 숨을 그저 쉬는 존재에 불과하며, 존중 받을 만한 대상이 아니다. 이사야서의 맥락에서 "사람"은 분명히 예루살렘을 다스리는 '왕'을 가리킬 것이지만, 그는 [최종 주권과 관련해서] 기껏해야 끝에서 두 번째일 뿐이다. 그는 "사람"의 안보 체계에 결정적 영향력을 행사하시는 창조주 하나님의 강력한 권세에 대항할 수 없다.

이 절들 자체는 황폐하게 하는 행위가 동등한 보응에 따른 것이라고 암시하지 않는다. 야웨가 초래하는 두려움은 주권을 침해하는 교만에 대해서 야웨의 통치를 보존하고 높이기 위해 동원되는 것이라고 이해하면 충분하다. 예루살렘이 받아야 할 보응에 대한 근거들을 제공하는 것은 이사야 2장의 이전 절들이다. 왜냐하면 예루살렘 성읍은,

- 점치는 자들과 거짓 예언자들로 가득하다.
- 은과 금으로 가득하다.
- 군마와 병거들로 가득하다.
- 우상들로 가득하다. (6-8절)

종교 장사꾼들은 구원을 주지 못한다. 왕국의 금은보화도 구원을 주지 못한다. 군대도 구원을 주지 못한다. 우상들도 구원을 주지 못한다. 이스라엘 백성이 최소한의 것만 챙겨 동굴

안으로 피신하려면 그것들을 버려야 할 것이다. 야웨가 초래하는 무시무시한 두려움 앞에서 "사람"의 안보 체계는 무능하며 적합하지 않다!

출애굽기와 이사야서의 이 두 텍스트는 어떤 역사적 질서 체계라도 야웨의 의도를 거스르면 그에 맞서서 강력하고도 파괴적으로 행동하시는 야웨의 능력과 불요불굴의 의지를 보여 준다. 사랑의 힘 이외에도, 야웨는 자신의 주권을 실행하시는 많은 도구를 지니고 계신다. 이와 관련하여 사무엘하 24장에 나타나는, 심지어 야웨가 보내시는 '전염병'에도 자비의 측면이 나타날 수 있다는 다윗의 확신을 언급할 수 있을 것이다. 그렇지만 이집트의 바로나 이사야서의 시가 겨냥하는 대상에게는 그러한 자비가 적용되지 않았다. 단지 나중에, 오랜 세월이 지나서 출애굽에 대한 기억마저 희미해졌을 때에라야 이집트의 간청도 하나님이 들으시고 치유해 주신다.

주께서 이집트를 치실 것이다.
    치시고 나서 낫게 하실 것이다.
그들이 주께로 돌아올 것이다.
    그리고 그가 그들의 간구를 들으시고
    그들을 고쳐 주실 것이다. (사 19:22)

하지만 그 일은 그들이 하나님의 치심을 많이 겪고 나서 갑작스럽게 "주께로 돌아온" 다음에야 일어날 것이다.

자유로이 행하시는 야웨의 거룩함

엄밀한 동등 보응이나, **어떤 목적을 실현하기 위해 주권을 드러내는 강력한 권능을 동원하는 것** 이외에도, 하나님의 파괴하시는 행위와 관련해서 세 번째 해석의 가능성을 확인할 수 있다. 이 세 번째 가능성은 하나님의 완전한 거룩함에 관심을 기울인다. 어떤 이유나 설명이나 책임도 없이 하나님은 전적으로 자유롭게 그분의 거룩함을 드러내실 수 있으며, 어떤 목적도 초월하는 것처럼 보인다. 잘 알려진 성경의 사례는 욥기에서 폭풍이 몰아치는 한가운데 하나님과 욥이 나눈 대화다. 하나님은 욥이 하나님의 강력한 창조 행위를 터득하거나 설명할 수 없고 파악할 수도 없다고 선언하신다. 더욱이 하나님은 그 창조 행위들을 언급하시면서, 욥이 그것들을 제대로 이해하지 못한다는 것을 드러내신다. 그 선언 가운데 거의 어느 곳이든 인용할 수 있다.

> 내가 땅의 기초를 놓을 때, 너는 어디에 있었느냐?
> 네가 깨닫는다면, 말해 보아라.

누가 이 땅의 한계선들을 정했는지 분명히 너는 알겠구나!

    또 누가 땅 위에 측량줄을 놓았느냐?

땅의 기초들은 무엇 위에 세워졌으며,

    또 누가 땅의 모퉁잇돌을 놓았느냐?

그때 새벽 별들이 함께 노래하며,

    하늘의 모든 존재가 기뻐하며 소리를 지르지 않았느냐?

바다가 그 모태에서 터져 나왔을 때,

    누가 문으로 바다를 가두었느냐?

그때 내가 구름으로 그 옷을 만들고,

    흑암으로 그것을 감싸며,

그것의 한계를 정하고,

    문빗장을 지르고,

"여기까지는 와도 되지만, 더 넘어서지는 말라.

    여기서 네 도도한 물결을 멈춰라!"라고 말하지 않았느냐?

(욥 38:4-11; 또한 38:31-33; 39:1-2, 9-12; 41:1-7을 보라.)

하나님은 욥에게 질문을 던지신다. 하나님은 욥이 하나님이 행하신 일의 기이함을 얼마나 파악할 수 있는지 시험하신다. 그러므로 하나님이 제기하신 질문들은 욥을 낮추고 무너뜨리려는 것이다. 욥은 대답할 수 없었다. 하나님은 그분의 놀라운 행위가 욥의 이해 범위를 넘어선다는 사실을 잘 알고 계신다. 하나님은 욥의 능력을 지적하시며, 그가 하나님의 장엄한 행위를 결코 재현할 수 없다는 의기양양한 "그리하면"에 도달하신다. 욥은 하나님의 무한한 능력을 결코 이길 수 없다!

> **그리하면** 나는 너의 오른손이 너에게 승리를 안겨 줄 수 있다고 너를 인정할 것이다. (욥 40:14)

욥은 대답할 수 없었다. 그에겐 대답할 능력이 없었기 때문이다. 야웨의 도전적 질문들은 욥을 하나님께 의존하는 피조물이라는 합당한 위치에 두었다. 스스로 그 사실을 부인하더라도, 욥은 명백한 한계를 지닌다. 욥은 거룩함 속에 나타나는 하나님의 영광스러운 통치를 결코 온전히 파악할 수 없다. 욥을 무시하는 질문들을 던지는 화려한 웅변에서 하나님이 이른바 '전적 타자'(wholly other), 곧 욥과 철저히 다른 분이자 욥의 이해 양식이나 설명 범주들에 결코 속하지 않으시는 분임이 드러난다. 욥은 자신이 결코 속속들이 헤아릴 수 없는 절대 주권자 앞에 서 있다는 사실을 자각한다.

> 보소서, 저는 하찮은 사람입니다.
> 제가 무엇이라고 감히 주께 대답할 수 있겠습니까? (욥 40:4)

욥의 마지막 대답은 하나님이 전적으로 자유롭게 행하실 수 있다는 인정이며, 따라서 하나님은 욥이 제기하는 하찮은 질문들에 대답하실 필요가 없다.

> 저는 주께서 모든 일을 하실 수 있으며,
>> 주의 계획 가운데서 어떤 것도 방해받을 수 없음을
>> 알았습니다. (욥 42:2)

42:6에서 욥의 마지막 말은 어쩔 수 없이 애매모호하다. 그렇지만 그 모호한 말도 욥이 자신의 한계를 인정한 다음에야 할 수 있다.

루돌프 오토(Rudolf Otto)의 『성스러움의 의미』(*The Idea of the Holy*, 분도출판사)가 욥의 시를 이해하는 데 유용한 기준이 된다고 처음 알려 준 사람은 토드 리나펠트(Tod Linafelt)였다. 오토의 책에서 특히 기억할 만한 지점은 하나님의 거룩함이 지닌 **전율**(*tremendum*)이 **매혹적인 동시에 두려움을 준다**는 것이다. 이것이 바로 욥기에서 묘사된 하나님의 모습이다. 하나님에 대한 욥기의 우아한 묘사에는 마음을 사로잡는 신선함이 있다. 그러나 이와 동시에 욥이 대면해야 했던 그 하나님은 가까이 다가갈 수 없고 친밀감이나 마음 편한 신뢰를 허락하지 않는 위험성을 지니신다. 하나님은 그와 같이 행동

하셔야 할 의무가 없다. 오토가 제시하는 '숭고함'(sublime)이라는 용어는 인간이 헤아릴 수 없는 하나님의 위대함에 관심을 기울이는데, 그 위대함은 두려움과 더불어 머뭇거리게 하는 거리감을 불러일으킨다. 고대 이스라엘 및 고대 세계에서 제사장 전승을 따르던 해석자들이 대개 거룩함(holiness)을 조종할 수 있고 관리할 수 있는 범주로 가두려고 시도했던 것도 당연하다(예를 들면, 신 14:1-21을 보라). 그렇지만 사무엘상 6:19-20과 사무엘하 6:6-11에 수록된, 언약궤에 관한 이른 시기의 내러티브들은 하나님의 거룩함을 함부로 추정할 수 없다는 어떤 의식이 있었음을 증언한다. 위험을 초래할 수도 있는 하나님의 그와 같은 거룩함은 자신을 길들이려는 고대 제사장들의 시도를 용납하지 않으며, 심지어 현대 과학의 시도에서도 벗어난다.

하나님의 거룩함에 관한 이와 같은 추적이 보여 주는 결과는, 우리의 최고의 성과라 할지라도 그 안에 하나님을 가둘 수 없음을 인정하는 것이다. 하나님은 우리의 희망이나 예상을 훨씬 뛰어넘는 무시무시한 일들을 행하실 수 있고 행하실 것이다. 따라서 하나님이 창조세계와 역사 속에서 행하시는 '놀라운 일들'은 종종 우리가 예상하거나 관리할 수 있는 범위를 초월한다. 욥과 그의 친구들은 모두 하나님을 자신들이 설명할 수 있는 '동등 보응'에 맞추어 축소시키려 했다. 그러나 폭풍 속에서 나타나시는 하나님은 전혀 예상치 못한 행동을 하실 것이며, 하나님 앞에서 그들의 추론은 무력해진다.

욥기의 시에 나타나는 이와 같은 기묘한 결과가 그 이후 시대에도 되풀이됨을 확인할 수 있다. 욥기의 시는 창조세계의 영역에 머물러 있지만, 이스라엘의 전승은 욥과 동일한 진술을 대담하게도 역사의 영역으로 가져온다. 그러므로 하나님이 앗시리아를 멸망시키시는 것과 관련해서, 하나님의 그와 같은 단호한 결심에 맞서 앗시리아가 할 수 있는 일은 아무것도 없다. 그래서 이사야서의 시는 다음과 같이 도전적인 선언으로 마무리된다.

> 만군의 주께서 계획하셨다. 누가 그것을 무효화하겠느냐?
> 　주께서 팔을 펼치셨다. 누가 그것을 굽히겠느냐? (사 14:27)

이 질문에 대한 대답은 이렇다. "아무도 취소하지 못한다. 아무도 굽히지 못한다!" 이스라엘의 거룩하신 분이 그 목적을 선포하셨으므로, 아무도 이를 취소하거나 돌이킬 수 없다. 그와 같은 주장은 역사의 진행에서 우리가 할 수 있는 최고의 조치라도 결국 최종 결정에 영향을 미칠 수 없음을 밝혀 준다. 이와 비슷한 측면에서, 야웨가 바빌로니아를 사용하시고 그 나라를 통해 일하시는 것과 관련해서, 이사야 선지자는 이스라엘 안에서 하나님의 의도에 의문을 제기하는 이들을 다음과 같이 일축한다.

> 너를 지으신 분과 다투는 너에게 화가 있을 것이다.
>> 그것은 질그릇이 토기장이와 다투는 것이다!
> 진흙이 자기를 빚는 이에게 이렇게 말할 수 있겠느냐?
> "당신은 무엇을 만들고 있는가?"
>> 또는 "당신이 만든 것은 손잡이가 없다."
> 자기 아버지에게 "당신은 무엇을 낳고 있습니까?"
>> 또는 자기 어머니에게 "당신은 무엇을 위해서 해산의 고통을 겪고 있습니까?"라고 말하는 이에게 화가 있을 것이다.
>
> (사 45:9-10)

이스라엘은 야웨에게 의문을 제기할 자격이 없다. 야웨는 자유롭게 행동하시며 어떤 설명도 하실 필요가 없다. 느부갓네살도 뒤늦게서야 힘든 과정을 통해 이를 배웠다.

> 그는 땅의 모든 사람을 없는 것같이 여기신다.
>> 또 그는 하늘의 군대와 이 땅에 사는 모든 사람에게 자기 뜻대로 행하신다.

아무도 그가 하시는 일을 막지 못하며

또는 "당신은 무슨 일을 하고 계십니까?"라고 묻지 못한다.

(단 4:35)

아무도 그렇게 할 수 없다. 아무도 야웨에게 이의를 제기할 수 없다. 게르하르트 폰 라트(Gerhard von Rad)가 이해한 것처럼, 심지어 잠언과 같이 천진난만한 듯 보이는 본문도 사람이 계획을 세운다 하더라도 결국 불가해한 일을 행하시는 분은 하나님이심을 시인한다.

사람이 마음으로 많은 계획을 세울 수 있다.

그러나 성취되는 것은 오직 야웨의 뜻이다.

(잠 19:21; 또한 16:2, 9; 20:24; 21:2, 30-31을 보라.)

이스라엘과 느부갓네살이 배웠듯이, 야웨는 설명하시지 않는다. 하나님의 세계 안에 살아가는 삶은 하나님은 인간이 헤아릴 수 없는 분이라는 사실을 받아들이도록 요구한다. 하나님은 어떤 한계도 거부하시며, 자신을 길들이려는 인간의 모든 노력을 허사로 만드신다.

이와 같은 해설에 비추어, 재앙의 습격을 해석하는 세 가지 측면을 성경의 증언 안에서 확인할 수 있다.

- **계약에 근거한 동등 보응**: 위반자들에게 벌을 내린다.
- **의도적으로 부정적 영향력을 동원함**: 하나님 자신의 의도를 실행한다.
- **완전한 거룩함**: 우리의 최선의 설명들을 거부하고 무시함으로써, 하나님의 권능이 이 세상에서 취소하거나 돌이킬 수 없는 실재임을 드러낸다.

숨겨진 것들

이 세 가지 해석안 가운데 어떤 것도 바이러스가 만연한 현 상황에서 아주 유용하거나 흥미롭지는 않을 것이다. 지금은 우리가 병원균, 감염, 전염병, 팬데믹(pandemic, 전염병이 전 세계적으로 유행하는 현상)이나 전반적인 의미의 위험 같은 것에 더 몰두해 있으므로, 이런 것들에 쏟아부을 에너지나 의향이 없다. 한마디로, 우리에게는 책임 있는 정치적 경로를 통해 효과적으로 관리될 수 있는 과학이 필요하다. 또 우리를 위협과 염려로부터 구해 줄 수 있는 신뢰할 만한 전문가들이 필요하다. 그리고 우리를 속이거나 거부하지 않으면서 효과적 해결책을 찾아내기 위한 용기와 정직성을 지닌 정치 지도자들이 필요하다.

그것이 바로 우리에게 필요한 것이자, 반드시 있어야 하는 것이다. 그것이면 족할 것이다. 물론 성경이 가르치는 신앙은 그러한 과학, 곧 창조세계의 불가사의로서 오늘날의 시대보다 앞서 있는 듯 보이는 것을 탐구하는 과학에 적대적이지 않다. 때때로 교회는 과학을 두려워해 왔다(갈릴레오의 사례를 보라!). 그러나 성경은 그렇지 않다. (성경이 몇몇 신무신론자들이 조장하는 **과학주의**를 진정으로 반대하는 것은 인식할 수 있다. 그와 같은 과학주의는 과학의 연구를 이 세상의 실재에 대한 거대 서사로 만들려고 시도한다. 그러나 그것은 성립될 수 없는 주장이다.)

성경은 책임 있는 과학적 연구를 전적으로 인정하지만, 동시에 그와 같은 연구의 한계를 잘 알고 있다. 욥기 28장은 하나의 훌륭한 시로서, 땅에 대한 인간의 탐구를 지지하며 이를 통해 얻는 유익을 기쁘게 긍정한다.

> 그들[광부들]은 강들의 근원을 찾아내고,
> 　숨겨진 것들을 밝혀낸다. (욥 28:11)

그다음에는 장면을 바꾸어 이렇게 질문한다.

> 그러나 지혜는 어디서 얻으며,
> 　명철이 있는 곳은 어디인가? (욥 28:12, 20)

그런 뒤에 대답을 제시한다.

> 하나님은 지혜에 이르는 길을 아시며,
>   그는 지혜가 있는 곳을 아신다.
> 그는 땅의 끝까지 살피시며,
>   하늘 아래 모든 것을 보시기 때문이다.
> 그가 바람의 무게를 정하시며,
>   물의 분량을 정하실 때,
> 그가 비 내리는 규칙을 세우시며,
>   천둥 번개가 치는 길을 정하실 때,
> 바로 그때 그가 지혜를 보시고, 지혜를 선포하셨다.
>   그는 지혜를 확증하시고, 그것을 밝혀내셨다. (욥 28:23-27)

하나님은 아신다! 그리고 여기서 시인은 인간이 창조의 신비에 개입하는 것을 염려하며 결론을 짓는다.

> 참으로, 주를 경외하는 것, 이것이 지혜이며
>   악을 떠남이 명철이다. (욥 28:28)

결국 참된 지식은 과학적 탐구에 있지 않고 하나님을 두려워하는 데 있으며 악을 멀리하는 데 있다. 과학적 탐구는 정말로 중요하기는 하지만, 한계가 분명하다.

더 직접적으로, 잠언에서 창조주 하나님의 헤아릴 수 없음과 인간의 탐구는 다음과 같이 명백하게 구분된다.

일들을 숨기는 것은 하나님의 영광이지만,

일들을 밝히 드러내는 것은 왕들의 영광이다. (잠 25:2)

(종종 군사적 목적에 따라 정부 기금으로 실행되는) 인간의 탐구는 "일들을 밝히 드러내는 것"을 추구한다. 그것은 인간의 호기심에 근거한 합당한 작업이고, 특히 현재의 바이러스와 관련해서 긴급하게 필요한 것이다. 하지만 위에서 언급한 잠언의 두 번째 행은 하나님이 행하시는 합당한 일을 언급하는 첫 번째 행에 상응한다. 그러므로 **인간의 탐구**와 **하나님의 숨기심**은 창조세계의 경이로움과 관련해서 끝없이 수수께끼를 풀어 나가는 과정이다. 인간의 탐구에 존재하는 한계들은 금지의 형태인 것이 아니라 숨기시는 하나님의 무한한 능력으로 인한 것이다. 그렇지만 잠언은 하나님의 숨기심이 언제나 인간의 탐구를 초월해 있을 것이라고 주장한다. 그렇기에 잠언의 가르침에 따르면, 과학은 언제나 탐구를 해 나가겠지만 결코 창조세계의 신비를 모두 다 파헤치지는 못한다. 그러한 과학의 시도는 고양이와 쥐의 끝없는 추격에 비교할 수 있다.

결국 이기는 것은 고양이일 것이다. 하지만 그 게임에는 또한 힘이 넘치고 용감한 쥐가 필요하다. 때때로 약삭빠른 쥐는 고양이를 속여 넘기겠지만, 단지 한순간일 뿐이다! 실로 인간의 과학 산업은 일들을 밝혀내야 하는 과제를 안고 있다. 하지만 그 산업이 앞서 설명한 세 가지 신앙의 궤도에 지나치게 오래 머물러서는 안 되며, 또 그럴 필요도 없다. 팬데믹 상황의 한가운데인 지금 우리는 분명 그 자리에 머물러 있기만 해서는 안 될 것이다.

더 깊은 신비

사실 우리의 에너지와 관심은 더 긴급한 문제들에 쏠려 있는데, 왜 이러한 성경적 신앙의 해석 범주를 신경써야 하는가? 이에 대한 대답은 간단하고 명백하다. 곧 우리가 당면한 위험과 그로부터 풀려날 희망에 우선적으로 몰두해 있는 상황에서, 우리의 상상력은 현재 직면한 것을 넘어 더 크고 더 깊은 경이로움에 도달하므로, 우리는 곰곰이 생각해 볼 필요가 있다. 우리의 자유롭고 광범위한 상상력은 스트레스, 염려 및 위험이라는 긴급 상황 안에 궁극적으로 또는 전적으로 갇혀 있지 않다. 이와 같은 절박한 상황을 초월해서, 우리는 우리의 삶이 계몽주의가 추구하고 제어하고자 하는 인과의 추론에 전적으로 갇혀 있지 않음을 깊이 자각하게 된다. 하나님의 세계 안에 있는 우리 삶에는 **그 이상의 것과 그 밖의 것**이 있다!

나는 친구 피터 블록(Peter Block)이 코로나19에 대해 논평한 것을 보고 '그 이상과 그 밖의 것'(more and other)을 뼈저리게 자각하게 되었다. 피터는 메타 논평에 익숙하지 않은 세속 유대인이다. 그런데도 그는 이렇게 말했다. "코로나19는 소비주의를 끝내는 하나님의 방법이자, 세계화 내러티브의 결말이다." 피터의 이 말은 신학적 측면에서 냉철하고 비판적인 판단은 아닐 수 있다. 그러나 그는 이를 인식하면서도 교묘한 방법으로 자신의 의도를 정확히 표현했다. 내가 이해한 대로 말하자면, 그의 말은 세계화라는 내러티브와 그것의 자만심—우리가 무관심한 탐닉으로 이 땅의 자원을 마음대로 통제하고 사용할 수 있다는—은 실패하리라는 의미였다. 그와 같은 관행은 창조세계의 정해진 실재와 창조주의 의도에 어긋나므로 실패할 것이다. 그와 같은 한계를 언급할 때 하나님을 주체나 행위자로 만들 필요는 없다. 하지만 피터는 그렇게 했다! 그리고 우리도 그렇게 한다! 우리는 부분적으로는 전통과 경건심과 습관에 힘입어 그렇게 한다. 그러나 우리는 또한 우리의 '탐구'보다 더 깊은 신비에 맞닥뜨리기 때문에 하나님의 이름을 부르게 된다. 그와 같은 하나님 이야기는 하나님을 우리 삶의 가장자리에 둔다거나 '틈새의 신'(God of the gaps)처럼 여기는 게 아니다. 오히려 창조의 몇몇 과정 안에, 그와 함께, 그러한 과정 아래에서 하나님을 증언하는 것이다. 이 하나님은 이집트의 바로나 앗시리아, 바빌로니아 또는 오늘날 어떤 오만의 화신에게도 조롱받지 않으신다.

앨프리드 테니슨(Alfred Tennyson)은 하나님이 우리의 '작은 몸'(little system)을 멈추게 하신다고 말하지 않고, 단지 그것들이 멈출 것이라고 말한다. 이게 바로 내 친구 피터가 간파한 것이다. 곧 우리의 '작은 체계'는 멈출 것이다. 그 멈춤은 우리의 범주를 초월하는 어떤 의지로 인한 것이다. 그와 같은 공격을 '하나님의 행위'라 부르든, 또는 트럼프처럼 다른 이름을 붙이든, 그것은 중요하지 않다. 테니슨과 트럼프는 서로 다른 방식으로 그와 같은 공격이 분명히 우리의 관리 능력이나 설명을 벗어난다고 인정한다. 그것이 다가올 때 아무도 보지 못한 이유는 그것이 우리의 지식이나 통제의 세계 바깥에서, 우리가 파헤칠 수 없는 어떤 미지의 곳에서 왔기 때문이다. 두려움 속에서 솔직히 인정하자면, 우리는 말로 표현할 수 없는 상황에 직면해 있다. 이것이 우리의 신앙 전통에서 찾아낸 가장 근접한 언어다.

그러므로 우리의 설명을 벗어나는 당혹스러운 상황에서, 우리는 현재의 바이러스에 대해 신앙의 전통을 따라 다음과 같이 말할 수 있다.

- **계약에 근거하는 동등 보응**에 대해 말할 수 있다. 우리는 창조주 하나님이 다스리시는 세상 안에서 우리가 심은 것을 거둔다. 우리의 어떤 관행과 정책들은 하나님의 진노를 불러일으킬 수도 있다. 욥과 그 친구들의 사례를 보라!
- 창조주 하나님의 계획을 실행하기 위해서 하나님이 **창조세계의 부정적 힘을 의도적으로 동원하신다**고 생각할 수 있다. 예를 들면, 재앙들은 모든 '높은 망대'와 모든 '견고한 성벽'을 무너뜨린다.
- 우리의 최고 지식으로도 길들일 수 없는 세상 안에서 우리는 하나님의 **완전한 거룩함** 앞에 멈추어 생각할 수 있다.

근대 계몽주의가 추구하는 합리성의 세계에서는 이 세 가지 가운데 어떤 것도 가능하지 않다. 그렇지만 교회는 오래전부터 그와 같은 근대주의자의 내러티브가 창조세계의 신비에 적합하지 않다고 이해해 왔다. 지금 같은 위급한 시기에, 근대적 내러티브를 벗어나 창조주와 창조세계의 엄청난 주장을 슬며시 들여다보는 것은 가능하(며 또한 필수적이)다. 다만 엿보기일 뿐, 그 안에 영구히 거하는 것은 아니다. 하지만 그와 같은 엿보기는 중요한 것을 계시하고 변화를 빚어낸다.

설교자에게는 이러한 당혹스러움(wonderment)의 시기에도 활용할 수 있는 놀라운 해석적 원천들이 있다. 그 당혹감은 어쩌면 한밤중에, 어쩌면 격리되어 있는 동안에 찾아올 것이다. 그와 같은 당혹스러움은 우리가 상상력이라는 선물을 받았기 때문인데, 그 상상력은 어떤 설명만으로는 만족하지 않는다. 조만간 우리는 종종 '야웨 하나님을 경외함'과 '악을 피하는 것'에 대해서 질문하게 될 것이다. 우리가 상상한 자율성 안에서 우리는 전 세계적으로, 이웃에게 거의 관심을 기울이지 않은 채 자기 탐닉과 자기실현에 몰두해 왔다. 그리고 이제 한층 더 깊은 당혹감에 맞닥뜨렸다. 설교자의 역할은 그와 같은 당혹감을 인정하고 안내하는 것이다. 그러한 당혹스러움의 **결말**은 다행스럽게 백신의 형태로 올 수 있다. 그러나 그 **시작**은 바로 야웨 하나님을 경외하는 것이다. 사람들은 이 교훈을 언제나 너무 늦게 깨닫는다. 바로도 느부갓네살도 너무 늦게 깨달았다. 그러나 이 교훈을 시기적절하게 배울 수도 있다!

마지막으로, 설교자들이 주목해야 할 것이 있다. 우리 설교자들은 근대의 합리성이라는 한계에 갇혀서 살아가도록 위임받지 않았다. 오히려 우리는 또 다른 영역, 곧 온 세상을 다스리시는 하나님의 통치(하나님 나라!)를 증언하도록 부름받았다. 그것은 근대주의자의 논리를 제압하며 초월한다. 우리의 입술로 고백하는 하나님의 그 광대한 통치는 계몽주의의 섬뜩한 논리를 무찌르고, 심판하고, 자비로 구원할 것이다.

신비를 엿보기

―――――

창조주 하나님, 주님은 우리에게
선과 악에 대한 지식을 맡겨 주셨습니다.
    주님은 우리가 사는 세상에 대한 지식을
    우리에게 허락하셨습니다.
    그 지식은 우리에게 수많은 유익을 가져다주어,
    우리는 통제할 수 있고, 생산할 수 있으며,
    인과 관계를 설명할 수 있습니다.
그러나 매우 드물게―지금처럼!―우리는
주님이 숨기신 것과 충돌합니다.
    그것은 우리를 소환하며 또 당혹스럽게 합니다.
    주님의 두렵고 신비한 현존을 슬며시 들여다볼 때,
    우리의 확신은 무너져 버립니다.
그러므로 우리는 주님의 거룩하심의 가장자리에 멈추어 섭니다.
    미처 헤아릴 수 없는 주님의 현존에는 자비와 심판,
    관대함과 책임,
    용서와 엄격한 사실주의가
    기묘하게 결합되어 있음을 발견합니다.
우리는 주님의 신비 가장자리에 단지 잠시 거할 뿐,
오래 머무르지 못합니다.

그런 뒤에 우리는 우리의 합당한 과제인
지식, 탐구, 설명, 관리로 돌아옵니다.
그러나 그 순간, 우리는 주님의 거룩하심 앞에서 변화되어…
깨어나며, 부르심을 의식하고, 해방되어,
경이감으로 가득해집니다.
주님의 거룩하심이 우리를 압도하므로, 주님께 감사드립니다.
아멘.

2

전염병…하나님의 자비? 누가 알겠는가?
사무엘하 24:1-25

구약성경 교수로서 말하자면, 현재의 바이러스로부터 '전염병'과 '재앙'에 대한 구약성경의 언급으로 논의를 이어 가는 것이 지나친 확대 해석은 아니다. 물론 정확하게 상응하는 것은 아니지만, 그 둘은 우리가 충분히 상상하고 묵상할 수 있을 정도로 가까운 관계다. 그와 같이 연결해서 살펴보면서, 나는 놀랍게도 사무엘하 24:1-25에 수록된 다소 특이한 내러티브가 '전염병'에 대한 언급으로 마무리된다는 사실을 발견했다. 내가 이것을 '특이한' 내러티브라고 부르는 이유는, 여기에서 하나님의 의사가 일종의 '원시적' 방식으로 표현되며, 또 하나님이 어떤 실제 인물 또는 관련 당사자처럼 말씀하시고 행동하시기 때문이다. 바로 이 이유 때문에 이 텍스트는 쉽게 무시되곤 한다. 그렇더라도 이 이야기는 곰곰이 생각해 볼 만한 가치가 있다.

이 내러티브의 전제는 하나님이 다윗왕을 "부추겨서" 왕으로서 어떤 행위를 하게 하셨다는 것이다. (대상 21:1-27의 병행 본문에서는 부추기는 대상이 '사탄'이라고 언급된다.) 어쨌든 다윗은 인구 조사를 시행하도록 부추김을 받았다. 물론 인구 조사는 국가를 관리하는 하나의 도구로(눅 2:1을 보라), 종종 세금 부과 대상자나 군대 징집 대상자 등을 파악하기 위해 행해진다. 인구 조사를 하고 나서, 다윗은 "백성의 수"를 조사하는 것과 같은 왕의 행위가 죄임을 깨닫고 자신이 "매우 어리석게" 행동했다고 말한다. 그는 반드시 자신의 어리석음에 대한 책임을 져야 했다. 다윗이 신뢰하는 하나님은 세금 부과 대상자 명부나 군대 징집 명부 작성을 좋아하시지 않기 때문이다(삼하 24:10).

전염병과 저주

이 내러티브의 배경은 '칼, 기근, **전염병**'으로 대표되는 고대 근동의 삼중 저주다. 이 삼중 저주는 율법에서 이스라엘 백성에게 저주에 대해 들려주는 부분에서 나타난다.

나는 너희에게 **칼**을 보낼 것이다.…

나는 너희에게 **전염병**을 보낼 것이다.…

나는 너희의 양식을 끊을 것이다.

(레 26:25-26; 또한 신 28:21-34을 보라.)

그뿐 아니라, 이 삼중 저주는 언약의 위반에 대해 야웨가 저주의 심판을 실행하실 것이라고 예고하는 선지자들의 예언에서도 반복되며, 특히 예레미야서와 에스겔서의 전승에서 두드러지게 나타난다.

전염병에 걸려 죽을 자는 **전염병**에 걸려 죽고,

   칼에 맞아 죽을 자는 **칼**에 맞아 죽고,

기근을 당할 자는 **기근**으로 죽고,

   포로로 끌려갈 자는 **포로로 끌려갈** 것이다. (렘 15:2)[1]

그들은 모두 **칼**과 **기근**과 **전염병**으로 쓰러질 것이다. (겔 6:11)[2]

거의 판에 박힌 듯이 반복되지만, 이 삼중 저주는 사회를 혼란스럽게 만드는 실제 삶의 고통에 대한 언급이다. 심지어 그와 같은 반복은 실제 삶의 경험으로부터 왔으며, 그 경험 때

---

1   렘 21:9; 24:10; 29:18; 32:36; 34:17; 38:2; 42:17; 44:13을 더 보라.
2   겔 7:15; 12:16을 더 보라.

문에 알게 된 것이다.

징계에 대한 세 가지 선택지

다윗이 자신의 어리석은 죄를 기꺼이 속죄하겠다고 응답하자, 야웨는 다윗에게 전형적인 세 가지 저주에 상응하는 세 가지 징계의 선택지를 제시한다. 그 내러티브는 야웨가 다윗에게 직접 응답하시는 것에 대해서나, 이른바 '자신이 마실 독을 스스로 선택하는' 책임을 다윗에게 부여하시는 것에 대해 전혀 이상하게 여기지 않는다. 다윗은 다음 세 가지 나쁜 선택지 가운데 하나를 택해야 한다.

삼 년 동안 **기근**, 또는

석 달 동안 **칼**, 또는

사흘 동안 **전염병**.

삼 년/석 달/사흘(세 가지 시간 단위의 세 가지 저주)의 패턴은 민간전승에서 널리 알려진 것이다. 다윗은 무서운 벌을 받아야 할 뿐만 아니라, 받을 벌을 선택하는 책임까지 져야 한다.[3]

---

3   삼하 24:13에 기록된 기근 햇수는 성경 번역본마다 차이가 있다. 병행 본문인 대상 21:12은 모두 동일하게 3년 동안의 기근이라고 기록되어 있으나, 삼하

다윗은 야웨에게 간략하고 신속하게 대답한다. 그는 "죄를 사하는" 방법으로서 사흘 동안 전염병이 임하는 것을 선택한다. 다윗은 고통의 기간이 다른 저주들보다 짧기 때문에 이것을 선택한 게 아니었다. 그는 전염병이 야웨로부터 직접 오는 것이기 때문에 선택했다. 그는 기근보다 야웨의 직접적 행위가 더 낫다고 생각한다. 기근은 틀림없이 어떤 사람들을 희생시켜서 소수의 이익을 초래하는 결과를 낳을 것이며, 미국의 영양 보조 프로그램(SNAP)이 가난한 사람들에게 제공하는 음식을 감축하는 것과는 비교도 되지 않을 것이다. 또 그는 전쟁보다 야웨의 직접적 행위를 선택한다. 전쟁이 얼마나 참혹할 수 있는지 자신의 경험을 통해 잘 알았기 때문이다. (삼상 18:25-27에서 다윗 자신도 전쟁의 무자비한 행위를 해야 했던 사건을 보라.) 이와는 대조적으로—이 점을 주목하라!—다윗은 야웨로부터 오는 전염병의 한가운데서도 그분의 자비를 얻을 수 있으리라 기대한다. 다윗은 사람의 손에 빠지기보다, 자기의 운명을 야웨에게 맡기고자 한다. 야웨는 긍휼이 크신 분이기 때문이다!(삼하 24:14)

이 문맥에서는 믿기 어려울 정도로 적절한 말이다! 다윗은 자신이 벌을 받아 마땅하다는 사실을 알고 있다. 그래서

24:13은 개역개정과 새번역의 경우 7년의 기근이라고 기록되어 있다. 여기서는 3년으로 기록된 NRSV 내용을 따랐다—옮긴이.

그는 협상하거나 야웨로부터 오는 미래의 상황에서 벗어나려 하지 않는다. 하지만 언약에 기초한 제재를 받는 현실의 한가운데서, 그는 자신의 생명과 지위와 권세가 야웨의 측량할 수 없는 자비에 달려 있음을 기억한다. 그는 어떠한 계약 관계로도 제한할 수 없는 야웨의 자유로운 행위를 의지한다. 야웨는 어쩌면 사흘 동안 계속될 전염병을 자비로 중단시키실 수도 있는데, 이것이 그가 바랄 수 있는 최선이다! 징계를 규정하시는 하나님은 또한 그 형벌을 완화하실 수 있는 자비의 하나님이시다.

한결같은 사랑 안에 뿌리내린 소망

우리는 야웨의 자비를 바라는 다윗의 소망이 그의 신앙 및 그의 이야기에 깊이 뿌리내리고 있음을 볼 수 있다. 야웨는 다윗에게 하신 가장 근본적인 약속에서 다음과 같이 단언하신다.

> 나는 그에게서 나의 한결같은 사랑을 거두지 않을 것이다.
> (삼하 7:15)

(여기서 "한결같은 사랑"이라고 번역된 히브리어 단어는 삼하 24:14에

언급되는 "자비"와 같은 단어는 아니지만, 둘 모두 언약에 기초한 야웨의 유대 관계를 시사한다.) 사무엘하 7:15에 사용된 히브리어 단어(ḥesed)는 다윗의 긴 감사 노래 마지막 진술에서 다시 등장한다.

주께서는 왕에게 구원의 망대이십니다.
또 그는 기름 부어 세우신 다윗과 그의 자손에게
영원토록 한결같은 사랑을 보여 주십니다. (삼하 22:51)

여기에서는 "한결같은 사랑"(ḥesed)이라는 단어가 사용되지만, 사무엘하 24:14에서 다윗은 더 근원적 단어인 '자비'(rḥm)에 호소한다. 이 단어는 인식적으로 '자궁'을 뜻하는 단어(rḥm)와 연관성을 지닌다. 두 단어가 서로 가깝고 친밀한 연관성이 있다는 것은 이사야 49:15과 같은 곳에서 암시된다.

어떻게 여인이 제 젖먹이를 잊을 수 있겠는가?
또는 어떻게 자기 태(bṭn)에서 난 아이를 긍휼히(rḥm) 여기지 않겠는가?[4]

---

4 '자궁'(rḥm)과 '태'(bṭn)는 성경에서 혼용되는 표현이다—옮긴이.

다윗은 자기에 대한 야웨의 가장 근본적이며 확실한 약속에 호소한다. 심지어 지금의 두려운 순간도 다윗을 그러한 소망과 확신에서 멀어지게 하지 못한다. 다윗이 지은 시에 따르면, 다윗은 다음과 같은 사실을 알고 있다.

> 그는 두고두고 꾸짖지 않으시고
> 진노를 영원히 품지 않으신다.
> 그는 우리의 죄대로 우리를 다루지 않으시고,
> 우리의 허물대로 우리에게 갚지 않으신다. (시 103:9-10)

또 그는 시편의 다음과 같은 확신을 의지한다.

> 그는 너를 사냥꾼의 덫과
> 치명적인 **전염병**에서 구해 주실 것이므로…
> 너는 밤의 두려움이나
> 낮에 날아오는 화살이나
> 어둠 속에서 다가오는 **전염병**이나
> 한낮에 덮치는 파멸을 두려워하지 않을 것이다. (시 91:3-6)

결국 야웨의 징계가 실행되었고, 엄청나게 많은 사람이 죽었다.

그리하여 그날 아침부터 정하여진 때까지, 주님께서 이스라엘에 전염병을 내리시니, 단에서부터 브엘세바에 이르기까지, 백성 가운데서 죽은 사람이 칠만 명이나 되었다. 천사가 예루살렘 쪽으로 손을 뻗쳐서 그 도성을 치는 순간에, 주님께서는 재앙을 내리신 것을 뉘우치시고, 백성을 사정없이 죽이는 천사에게 "그만하면 됐다. 이제 너의 손을 거두어라" 하고 명하셨다. 그 때에 주님의 천사는 여부스 사람 아라우나의 타작마당 곁에 있었다. 그 때에 다윗이 백성을 쳐 죽이는 천사를 보고, 주님께 아뢰었다. "바로 내가 죄를 지은 사람입니다. 바로 내가 이런 악을 저지른 사람입니다. 백성은 양 떼일 뿐입니다. 그들에게는 아무런 잘못도 없습니다. 나와 내 아버지의 집안을 쳐 주십시오."

(삼하 24:15-17, 새번역)

이 사건은 다윗이 제단을 쌓기 위해 아라우나의 타작마당을 사서 제물을 드리니, 야웨가 그의 간구하는 기도에 응답하시는 내용으로 마무리된다(24-25절). 결과적으로 이 이야기는 심판을 내리실 뿐 아니라 기도에 응답하시며 자비의 손을 넓게 펴시는 야웨의 모습을 전달해 준다.

열린 상상으로의 초대

이 내러티브를 바이러스라는 위기에 직면한 우리의 실제 삶에 곧바로 옮길 수는 없다. 성경은 종종 쉽게 '적용되지' 않는다. 그렇지만 성경은 진지한 과학적 탐구를 통해서 최선의 결과들이 빚어지기를 기대하는 열린 상상으로 우리를 초대한다. 동시에 성경은 깊고 불가해한 거룩한 실재가 우리의 최고의 과학 안에, 그것과 함께, 그것 아래, 그것을 초월하여 존재한다고 단언한다. 따라서 계약 관계에 대한 다윗의 추론 체계 안에서, 그는 어리석은 결정과 행위가 달갑지 않은 결과를 초래할 수 있음을 안다. 동시에 그는 하나님의 유동적 거룩함이 다른 방식으로도 통치할 수 있음을 안다. 지금 우리가 직면하고 있는 바이러스는 우리가 야심만만하게 만들어 낸 현실의 질서와 관련 있을 것이다. 그렇지만 우리는 만나서 기도하고 찬양하며, 모든 '동등 보응'을 넘어 그 이상 또는 그 밖의 것이 있으리라 희망하며 우리의 신앙을 실천한다.

이 바이러스가 세계화를 촉진해 온 인간의 오만, 천연자원의 무분별한 남용, 약자들에 대한 착취에 대해 하나님이 되돌려 주시는 역풍이라는 식으로 이해해서는 안 될 것이다. 나는 이 글을 쓰는 동안 중국이 코로나19의 '뜻하지 않은 결과'를 경험했다는 소식을 접했다. 즉 거리를 가득 메운 자동

차가 사라지자 스모그 없는 맑은 하늘을 보게 된 것이다. 누가 알았겠는가? 그 바이러스는 진정으로 우리의 가장 나쁜 사회적 관습을 억제하는 역할을 할 수도 있다. 또한 창조세계의 속도에 보조를 맞춘 느긋한 삶으로 우리를 초대할 수도 있다. 갇힌 자들을 더 관대하게 대하고 뒤처진 이들에게 더 관대하게 베푸는 삶으로 이끌 수도 있다. 다윗과 더불어, 우리는 마지막 단어가 전염병이 아니라 바로 하나님의 자비라고 감히 상상할 수 있을 것이다.

인구 조사와 책임에 대하여

헌법 규정에 근거한 온갖 공적 조사가 시행됩니다.
    우리 정부는 방법과 수량을 알고자 하며,
        이용할 수 있는 모든 데이터를 소유하고 싶어 합니다.
우리는 언제나 인구 조사 대상이었습니다.
    카이사르도 인구 조사를 시행했고, 사람들을 베들레헴으로 보내서 명부에 등록하게 했습니다.
    카이사르 전에는 바로, 디글랏-빌레셀, 느부갓네살도
    인구 조사를 시행했습니다.
    카이사르 이후에는 콘스탄티누스 대제, 신성로마제국,
    또 현대의 모든 국가가 인구 조사를 시행합니다.…
    모든 사람이 조사 대상입니다!
모두를 조사합니다! 군대 징집을 위한 완벽한 명부를 만들기 위해,
    세금을 거두기 위한 명부를 만들기 위해.
우리 믿음의 조상 다윗도 인구 조사를 시행했습니다.
그런 다음! 그는 자신의 행위에 책임을 져야 했습니다.
    그는 자신의 교만에 책임을 져야 했습니다.
    그는 자기에게 걸맞은 자리로 돌아가야 했습니다.
자신이 마실 독을 선택할 때, 그는 주님을 선택했습니다!
그는 주님을 재판관으로 선택했습니다.

자연재해의 위협 대신에,

인간의 야만성이 날뛰는 것 대신에.

그는 주님을 선택했습니다.

심판 중에도 자비로우신 주님을 생각했기 때문입니다.

온갖 교만한 계산을 일삼는 우리도

주님 앞에 마땅히 책임을 져야 합니다.

우리의 거만의 값을 치르기 위해, 우리는 주님을 선택합니다.

우리는 주님과 그분의 긍휼히 여기심을 선택합니다.

우리는 주님을 선택합니다. 왜냐하면,

우리를 우리의 죄악대로 다루지 않으시며,

우리에게 우리의 허물대로 갚지 않으시는 분임을

믿기 때문입니다.

그래서 우리는 주님을 선택합니다.

그리고 다시 시작합니다.

징계를 받고, 새로운 가능성을 가득 품고서.

아멘.

3

다시 춤추기 시작할 때까지
예레미야

나는 (그리고 우리 모두는) 졸업식이 취소되고 결혼식이 연기되는 상황을 보고 있다. 바이러스가 퍼져 나가는 상황에서는 기뻐하고 축하하는 모임을 할 시간이 없다. 고대 예루살렘에 재앙이 닥쳤을 때, 예레미야도 똑같은 사례를 목격했다. 그는 예루살렘에서 결혼식이 취소되는 것을 세 차례 목격한다. 그때는 축하할 때가 아니고, 미래를 확신할 때가 아니었기 때문이다.

7:33-34에서 예레미야는 시체들이 쌓여 있기 때문에 결혼식이 사라진다고 말한다.

> 이 백성의 시체들이 공중의 새들과 땅의 짐승의 먹이가 될 것이다.…내가 유다의 성읍들과 예루살렘 거리마다 환희와 기쁨의

소리, 신랑 신부의 소리가 사라지게 할 것이다. 왜냐하면 그 땅이 폐허가 될 것이기 때문이다.

16:6-9에서 예레미야는 결혼식은커녕 장례식조차 치를 수 없다고 말한다.

높은 사람이든지 낮은 사람이든지 모두 죽을 것이다.…아무도 그들을 위하여 슬피 울지 않을 것이다. 너는 잔칫집에 들어가서, 그들과 함께 앉아 먹거나 마시지 말라.…나는 이곳에서, 네 시대와 네 눈앞에서 기뻐하는 소리와 즐거워하는 소리와 신랑의 소리와 신부의 소리를 끊어지게 할 것이다.

25:10-11에서 예레미야는 그 땅이 폐허와 황무지가 될 것이라고 예견한다.

내가 그들 가운데서 기뻐하는 소리와 즐거워하는 소리와 신랑의 소리와 신부의 소리를 끊어지게 할 것이다.…이 모든 땅이 폐허와 황무지가 될 것이다.

예레미야는 구약성경의 다른 어떤 증언자보다 이스라엘 백성이 당하는 재앙에 상당히 깊고 진지한 관심을 기울인다.

그는 사회적 모임들이 열리지 못하는 것을 예루살렘 성읍의 죽음을 가리키는 표징으로 간주한다. 어떤 도시가 통과 의례를 위해서 모일 수 없을 때, 사회적 삶은 제대로 이루어질 수 없다. 진정으로, 오직 어리석은 사람들만 계속해서 모임을 지속해도 된다고 고집할 것이다. 어떤 목회자들은 예수님이 바이러스로부터 우리를 보호해 줄 것이라고 주장하기도 한다. 우리 교회의 목회자는 그런 사람들을 "멍청이들"이라고 부른다. 옳은 말이다. 심지어 예레미야는 그와 같은 멍청이들조차 아예 볼 수 없었다. 사회적 시스템이 전부 무너져 내렸기 때문이다.

예레미야는 세 번이나 히브리어 '하탄'(*ḥtn*)이라는 특이한 용어를 사용하는데, 그 단어는 단지 여기서 다루는 예레미야서 본문과 요엘 2:16에서만 "신랑"(bridegroom)으로 제시된다. (비유적으로는 시 19:5; 사 61:10; 62:5 등 잘 알려진 본문들에서도 이 단어가 사용된다.) 그러나 나중에 예레미야 선지자는 예언의 말에서 미래를 기대하며 그 용어를 네 번째로 사용한다. 이번에 그는 결혼식이 다시 열려서 젊은이들과 그 가족들이 기꺼이 또다시 미래를 기대하며 감사의 제물을 바치는 날을 내다본다.

거기서 또다시 즐거워하는 소리, 기뻐하는 소리, 신랑의 소리, 신부의 소리가 들릴 것이다. 주의 성전에서 감사의 제물을 바치면서 찬양하는 사람들의 소리가 들릴 것이다. (렘 33:10-11a)

예레미야 선지자는 황무지와 재앙과 황폐함의 장소에서 또다시 축제를 기념하며 즐거워하는 소리가 들릴 것을 기대한다. 사회적 모임들이 활발하게 열리면 삶은 다시 시작될 것이다. 많은 사람의 기뻐하는 소리 가운데, 회복시켜 주시고 새 생명을 주시는 하나님께 감사의 제물을 바치는 이들의 찬양 소리도 들릴 것이다.

"너희는 만군의 주님께 감사하라.
　주님은 선하시며,
　그의 한결같은 사랑은 영원하기 때문이다!" (렘 33:11b)

이것은 이스라엘의 가장 기본이 되는 찬송(doxology)이다. (시 136편에서 반복적으로 나타나는 찬양 형식을 보라.) 이와 같이 이스라엘은 야웨의 헤세드 곧 "한결같은 사랑"을 찬양한다. 나는 그 단어를 '견고한 유대감'이라고 번역한다. 이 찬양은 하나님이 한순간도 하나님의 백성 또는 하나님이 지으신 세계를 포기하지 않으셨다고 시인하며, 심지어 황폐함 속에서도 하나님은 계속해서 신실하셨다고 인정한다. 그러므로 11절 하반

절의 **찬송**은 10절에서 **결혼식이 다시 거행되는 것**에 뒤따른다. 그런 다음 예레미야가 좋아하는 회복의 구절을 다시 언급하는 것으로 11절이 마무리된다. 곧 '운명을 회복시키다'(restore the fortunes; 렘 29:14; 30:3, 18; 31:23; 32:44; 33:7, 26을 보라)이다.[1] 이것은 예레미야서에서 반복적으로 나타나는 표현에 대한 영어 성경의 전통적 번역이지만, 불충분한 번역이다. 그 예언을 통한 하나님의 약속은 '좋은 옛 시절'로 돌아가는 것이나, 압제적 왕권 아래 이전의 정치 및 경제 제도로 회복되는 것을 뜻하지 않기 때문이다. 오히려 그 표현은 약속의 땅으로 돌아오는 것을 의미한다. 그래서 그 땅은 다시 정돈되고 질서가 잡히며, 사람들은 새롭고 신실한 삶을 살게 될 것이다. 따라서 그것은 향수를 불러일으키는 어떤 상태가 아니라, 하나님의 약속이 이루어지는 무대로의 '회복'이다. 하나님의 '회복'은 그 특징상 새로운 은사들을 베푸심으로써 새로운 역사적 가능성을 향하고 있다. 이 하나님은 회복하시고 고쳐 주시며 새 생명을 주시는 능력이 있으시다! 이분은 약속의 땅을 떠나셨으나 **돌아오시는 하나님**이다. 이분이 바로 무시무시한 금요일에도, 비참과 고뇌가 계속되던 토요일에도 포기하지 않으셨던 **부활절의 하나님**이다. 되찾은 아들의 비

---

1 히브리어 표현은 문자적으로 '포로된 것을 돌이키다'이며 한글 개역개정이나 새번역 성경에는 원어에 충실하게 번역되어 있다—옮긴이.

유에서 맏아들이 "풍악과 춤추는 소리"(눅 15:25)를 들은 것도 놀라운 일이 아니다. 사람들이 노래하며 춤을 춘 이유는 다음과 같다.

> 이 네 동생은 죽었다가 살아났고,
> 잃었다가 다시 찾았다. (눅 15:32)

그와 같은 회복은 교회에 맡겨진 두 가지 위대한 선물인 노래와 비유로만 표현될 수 있다! 하나님의 '회복'은 과거에 알려진 범주들이나 설명들 가운데 어떤 것에도 적합하지 않은 새로운 것이므로 필연적으로 노래와 비유로 표현된다.

예레미야가 기대하는 이 감사의 노래를 보면 훌륭한 독일 찬송가 "다 감사드리세"(Nun danket alle Gott)가 떠오른다. 독일 개신교 신자들이 매우 즐겨 부르는 이 찬송가는 30년 전쟁(1618-1648) 중에 마르틴 린카르트(Martin Rinckart) 목사가 가족을 위한 식사 기도로 작사한 것이다. 이 찬송가에 대한 해설은 다음과 같은 놀라운 사실을 알려 준다.

> 마르틴 린카르트는 독일 작센주에 있는 아일렌부르크 태생의 목사다. 성벽으로 둘러싸인 그 작은 도시는 전쟁과 전염병을 피해 몰려온 많은 사람의 피난처였다. 당시 그는 그 도시의 생존자 중

유일한 목회자였다. 그는 종종 하루에도 40-50명의 장례를 인도해야 했다. 그의 아내도 전염병으로 죽었지만, 린카르트는 살아남았다.[2]

오래 지속된 전쟁의 한가운데서, 더욱이 전염병으로 죽은 많은 이들의 장례를 인도하며 그 자신도 전염병에 노출된 상황에서 그는 이 찬송시를 작사했다. 우리 역시 전염병 한가운데서 감사를 표하는 이 간결한 식사 기도를 숙고해 볼 필요가 있다.

> 지금 우리 모두 마음과 손과 목소리를 모아
> 우리 하나님께 감사드립니다.
> 　놀라운 일들을 행하신 그분 안에서 온 세상이 기뻐합니다.
> 주님은 우리가 어머니의 팔에 안겨 있을 때부터
> 　헤아릴 수 없이 많은 사랑의 선물을 주시며,
> 　오늘도 여전히 베풀어 주십니다.
> 은혜가 풍성하신 하나님, 우리 삶의 모든 과정에 동행해 주시고
> 　기쁨과 복된 평안을 주셔서, 우리를 위로해 주소서.
> 하나님의 은혜 안에 지켜 주시며, 어려울 때 인도하소서.

2　Forman, *A New Century Hymnal Companion*, 421.

이 세상과 다가올 세상의 모든 악에서 구원하소서.

린카르트의 이 시는 지금 우리가 처한 상황과 다르지 않은 끝없는 죽음의 한가운데서 지어진 것이다. 하지만 그는 그 상황에서 감사를 쓰고 노래했다! 그 찬송시는 "은혜가 풍성하신 하나님"이 행하신 "놀라운 일들"을 찬양한다. 우리는 린카르트가 자녀들과 함께 하나님이 베풀어 주신 은혜, 곧 "헤아릴 수 없이 많은 사랑의 선물"을 하나하나 세어 나가는 모습을 그려 볼 수 있을 것이다. 이 찬송시는 미래에 일어날 수 있는 "모든 악에서 구원"하시는 하나님의 은혜에 꼭 붙어 있으라고 우리를 초대한다. 이스라엘의 가장 훌륭한 찬송 가운데 하나인 예레미야 33:11처럼, 이 시는 확신에 차 있고 담대하며 하나님에 대한 경외심으로 가득 차 있다.

린카르트의 찬송시에 반영된 예레미야의 수사법은 오늘 우리의 목회 사역에 해결의 실마리를 제공해 준다. 우리는 이 수사법에 나타나는 두 가지 강조점을 확인할 수 있다. 첫째, **집요하고 타협하지 않는 희망**을 붙드는 것이다. 이는 "우리는 이 상황을 잘 헤쳐 나갈 것이다"라는 시민으로서의 확신 이상을 의미한다. 이것은 오히려 하나님이 자신의 선한 목적에 도달하시기까지 결코 단념하지 않으실 것이라는 확신이다. 우리의 가장 훌륭한 결심들 안에, 그것들과 함께, 그것들

아래, 그것들을 넘어서, 하나님의 어떤 목적이 실현되고 있다. 우리 자신과 하나님의 온 창조세계가 모두 행복(wellbeing)에 도달할 것이라는 하나님의 거룩한 목적은 견고하며 한결같고 집요하다. 교회의 임무는 하나님의 선하시고 신실하신 결심에 뿌리를 내리고 희망을 품는 것이다.

그와 함께 교회 사역의 두 번째 임무는 전염병 가운데서도 끊이지 않는 **하나님의 영속적 헤세드(견고한 유대감)를 증언**하는 것이다. 이는 예레미야처럼, 사람들은 완전히 자포자기하지만 하나님은 포기하지 않으신다고 증언하는 것이다. 또는 예레미야처럼, 황량해 보이는 광야에 하나님의 은혜가 가득하다고 비유하는 것이다(렘 31:2). 이러한 증언은 말(이것은 우리가 꽤 자신 있는 것이다!)과 행동으로 표현된다. 행동은 두려움의 시기에 진정한 이웃으로 처신하는 것, 모두가 자기 자신에게만 몰두해 있는 시기에 이웃으로서 관대함과 환대를 보이는 것, 남의 것을 빼앗으려는 탐욕에 맞서 이웃을 배려하는 정책들을 펴는 것이다. 누가 의료보험의 사용자 부담을 면제받으리라고 생각했겠는가? 누가 재소자들이 스스로 검사를 받아 석방되리라고 예상했겠는가? 누가 대학생들의 빚과 그에 따른 이자 납부가 유예되리라고 상상했겠는가? 교회의 사역은 그와 같은 정책들에 힘을 실어 주고, 이를 요구하며, 그러한 정책이 나오면 널리 알리는 것이다. 이 새로운 정책들은 비상사태에 따른 일시적 예외 상황일 필요가 없다. 이것들이 진정으로 '새로운 정상'(new normal)일 수 있다!

목회 사역의 역할은 이 바이러스가 최종 권세가 아님을 보여 주는 것이며, 하나님의 선하심이 그 바이러스의 치명적인 힘마저 꺾을 수 있음을 이해하는 것이다. 우리에게는 심지어 전염병으로 인해 가족까지 잃은 상황에서도 기꺼이 하나님을 찬양하고 기도했던 린카르트 목사의 솔직한 증언이 있다. 진정으로 믿음은 "바라는 것들에 대한 장담이요 보이지 않는 것에 대한 확신이다"(히 11:1). 그와 같은 믿음은 죽음에 굴복하지 않는다. 왜냐하면 믿음은 하나님이 죽음의 위협 앞에서도 그분의 선하심을 거두어들이지 않으심을 가장 심오한 방법을 통해서 알기 때문이다. 그와 같은 믿음이 우리같이 연약한 사람들에게 맡겨져 있다는 사실을 알게 될 때, 우리는 놀라지 않을 수 없다. 예레미야는 결혼식과 노래와 춤이 다시, 아마도 곧 시작되기를 기대했다. 그러한 기대 속에, 그는 진실을 말하는 정직함과 용기로 기다렸다.

곧 다시 춤추게 하소서

우리는 지금 많은 것을 놓치고 있습니다.
    손자 손녀의 졸업식,
    조카의 결혼식,
    미식축구의 4강전,
    메이저리그의 개막,
    온 교인이 모인 부활절 예배,
    날마다 거리에서 사람들과 나누던 대화도 사라졌습니다.
바이러스는 우리에게 거대한 침묵을 강요합니다.
그 침묵이 낳는 것은 외로움과,
    가정 내 폭력과,
    일자리 상실과,
    레스토랑과 바닷가와 거리에서 누리던 일상생활의 종말입니다.
우리는 기다립니다. 절망 가운데, 최소한 깊은 실망 가운데.
그러나 다르게 기다릴 수도 있을 것입니다.
    우리는 확실한 믿음 속에 기다립니다.
    우리는 간절히 바라며 기다립니다.
    우리는 주님을 기다립니다.
우리는 미래를 향하여, 절망에 맞서 기다립니다.
    생명의 하나님이신 주님이 죽음의 세력을 물리치실 것입니다.

금요일의 십자가 처형이 예수님이 사셨던 삶을
패배시킬 수 없습니다.
　그분의 신실한 백성들의 삶 또한 그러합니다.
우리는 기다리면서, 다시 시작될 춤의 다음 동작을 연습합니다.
기다림은 오직 잠깐입니다… '잠시 잠깐'입니다.
우리는 순종의 긴 여정을 **걸어갈** 것입니다.
우리의 제자도의 경주를 **달려갈** 것입니다.
우리는 이웃이 서로 사랑하는 하나님의 선한 미래 속으로
독수리처럼 **날아오를** 것입니다.
우리는 주님이 침묵을 이기실 것을 압니다.
그 침묵은 어둠에 불과하기에…
　생명의 주님이 이기실 것입니다. 아멘.

4

바이러스 한가운데서 기도하기
열왕기상 8:23-53

무슨 일이 일어나더라도 실망하지 말 것은,
하나님이 당신을 돌보시기 때문이다.
미국 『연합 감리교 찬송가』[1]

기도할 때 우리는 반드시 자세하게 말해야 한다.
무엇보다도…기도, 또는 기도한다는 것은 그저 요청하는 것이기 때문이다.
칼 바르트[2]

하나님이 응답하신다는 기정사실로부터 기도라는 주제에 접근하자.
하나님은 귀머거리가 아니시며, 들으신다. 그것을 넘어서, 그분은 행동하신다.
우리가 기도하거나 하지 않거나 상관없이
하나님이 언제나 똑같은 방법으로 행동하시는 것은 아니다.
기도는 하나님의 행동에, 심지어 그분의 존재에도 영향을 미친다.
이것이 바로 '응답'이라는 단어가 의미하는 것이다.
칼 바르트[3]

그것은 어느 날…기적처럼 사라질 것이다.
도널드 트럼프

신실한 그리스도인들이라면 최선을 다해 "쉬지 않고 기도할" 것이다(살전 5:17). 더욱이 어렵고 위기에 처한 상황에서는 더 간절히 간구할 것이다. 우리는 친구들이 위기에 빠졌을 때 그들을 '기억하고' 그들을 위해 '기도한다.' 바이러스가 만연한 지금 우리는 몹시 당황하고 무력감을 느끼며, 우리 자신과 온 세계의 건강과 안녕을 위해서 기도하고 있을 것이다. 나는 **바이러스**와 **기도**의 관련성에 대해 생각하다가 구약성경에서 **전염병**과 **기도**의 관련성에 대해 살펴보기로 했다.

구약성경에 나타난 기도와 전염병

구약성경의 위대한 기도 가운데 하나는 솔로몬이 하나님께 예루살렘 성전을 봉헌하면서 드리는 기도다(왕상 8:23-53). 솔로몬왕의 기도는 이스라엘의 신앙에 강조점을 둔다. 그 기도의 내러티브를 형성하는 신명기 전승에 따라서 솔로몬의 기도는 부분적으로 교훈적 성격을 띤다. 그 기도의 한가운데 재앙에 관한 사례들이 길게 나열되며, 이스라엘을 일깨워서 야웨를 향해 기도하도록 이끈다(31-53절). 이 부분은 하나님

---

1 *United Methodist Hymnal*, 130.
2 Karl Barth, *Church Dogmatics*, 3/3:268.
3 Karl Barth, *Prayer accoding to the Catechisms of the Reformation*, 21.

이 들으시고, **주의를 기울이시며, 용서하시기를** 요청하는 일반적 간구로 시작된다(30절). 그런 다음 긴급한 필요가 있는 일곱 가지 사례가 따라 나온다.

- 이웃에게 죄를 지음(31절)
- 전쟁에서 패배함(33절)
- 가뭄(35절)
- 역병(전염병!), 마름병, 깜부기(37절)
- 이방인이 성전에서 기도함(41절)
- 전쟁 시기(44절)
- 포로로 사로잡힘(46-48절)

각각의 사례마다 재앙이 묘사되고, 각각의 재앙에 이어 "주께서 하늘에서 들으시고"라는 간청이 뒤따른다(32, 34, 36, 39, 43, 45, 49절). 끈질기게 동일한 이 간청 다음에, 하나님께 그들을 "용서해" 달라거나 "그들의 사정을 살펴보아" 달라는 요청이 다양하게 뒤따른다. 연속적으로 이어지는 간청은 하나님께서 그들이 처한 절박한 삶의 상황에 반응하여 행동하실 수 있으며, 하고자 하시면 그분은 언급된 재앙을 극복할 힘과 능력을 분명히 지니고 계신다는 전제에 기초한다. 일련의 간청들은 다음과 같은 요약으로 마무리된다.

주의 눈을 열어 주의 종과 주의 백성 이스라엘의 간구를 살펴보시고, 그들이 주께 부르짖을 때마다 그들에게 귀 기울여 주소서. (52절)

이스라엘은 하나님이 그들에게 귀 기울이시고 관여하실 것을 언제라도 신뢰할 수 있다. 이 기도의 마지막 절에 이것이 더욱 강한 어조로 드러나는데, 곧 53절은 모세가 받은 약속에 기초하여 하나님이 이스라엘을 특별히 돌보신다고 확언한다.

주께서 우리 조상을 이집트로부터 인도하여 내실 때 주의 종 모세를 통하여 약속하신 것같이, 주께서 그들을 이 땅의 모든 백성과 구별하셔서 주의 기업으로 삼으셨기 때문입니다. 오, 주 하나님이여. (53절)

이 호소는 출애굽기 19:4-6에서 하나님이 시내산에서 모세에게 말씀하신 첫 진술과 동일한 내용에 기초한다.

이 주목할 만한 기도는 지금 봉헌되는 성전이 우선적으로 야웨에게 기도하는 장소이며 성전이라는 공간의 주요 목적은 기도하고 응답받는 것임을 주장하고 강조한다. 또한 온갖 재앙으로부터 벗어날 수 있는 효과적 해결책이 바로 기도라고 단언한다. 그렇지만 효과적 해결책에 대한 이 진술이 어떤 맹 목적 확신이 아니라 신뢰의 형태임을 주목해야 한다. 이것은 하나님을 신뢰하되, 야웨가 응답하실지는 알지 못하는 진정한 간구다. 다시 말해, 이 기도는 자유로운 두 행위자 사이에서 일어나는 상호 작용이며, 기계적이거나 자동적인 거래가 아니다.

열왕기상 8장의 결론부는 성전 봉헌식을 기록하는데, 이 봉헌식은 참여하는 이스라엘 백성에게 언약을 신실하게 지키라는 명령으로 막을 내린다.

> 우리의 마음을 주께 기울이게 하셔서, 주께서 지시하신 그 모든 길을 걷게 하시며, 또 우리 조상에게 명령하신 계명과 법도와 율례를 지키게 하소서.…그러므로 너희도 우리 하나님 주께 온전히 바쳐 헌신하여, 오늘과 같이 주의 법도를 행하며 또 주의 계명을 지키라. (58, 61절)

다시 말해, 일련의 간청들은 하나님과 맺은 언약을 주의하여 지키는 맥락 안에 위치한다. 솔로몬의 기도는 하나님을 적극적으로 신뢰하는 관계를 전제하며, 그 관계는 모든 재앙의 한가운데서도 희망의 상황을 제공해 준다. 37절에 언급된 "전염병"(역병)은 열거된 여러 재앙 가운데 하나일 뿐이다. 하지만 우리는 38절을 통해, 기꺼이 순종하는 가운데 하나님을 신뢰하며 끈질기게 간구하는 기도가 올바른 믿음의 반응임을 알수 있다. 이 기도를 주도하는 "그때 들으시고"라는 명령형은 이어지는 "용서하시며, 행하사…"(39절)의 내용으로 구체화된다. 신명기 전승에 기초한 신학에서 하나님의 용서는 행복으로 나아가는 전제 조건이다. 언약을 실제로 신실하게 지키는 것은 긴급한 간구의 기초이자 배경이 된다. 더욱이 각각의 구체적 간청과 관련해서, 간청하는 행위 자체가 '작동해서' 결과를 빚어낸다는 보장은 어디에도 없다는 점을 기억해야 한다. 오직 하나님을 신뢰하라는 강조만 있을 뿐이다.

역대기의 전환

열왕기상 8장의 기도는 열왕기상하의 내러티브를 지배하는 신학에서 결정적으로 중요하다. 이 기도는 예루살렘 성전을 이스라엘의 신앙생활의 중심지로 만든다. 또한 나중에 이 성전의 파괴가 왜 이스라엘에 그토록 비참한 위기가 되는지 알게 해 준다. 신앙생활에서 성전이 담당하는 구심점 역할은 이후 역대기상하에서 이스라엘 왕정을 묘사하는 병행 설명에서 한층 강화된다. 열왕기상 8장 솔로몬의 기도는 역대하 6:14-42에서 역대기 저자의 설명으로 다시 자세하게 반복된다. 우리가 중점을 두는 역병(전염병)에 대한 언급은 역대하에서는 6:28-31에서 동일한 단어들로 반복된다. 역대기 저자는 솔로몬의 기도 가운데 결론부에만 의미심장한 변형을 준다. 앞서 살펴보았듯이 열왕기상 8장에서 솔로몬의 기도는 해당 기도를 신명기 언약 신학의 범위 안에 위치시키면서, 하나님이 모세에게 주신 약속에 대한 호소로 마무리된다. 하지만 역대기 저자는 그 기도의 마지막 절들에서 성전의 언약궤 위에 앉으신 하나님을 향해 호소하며, 이는 민수기 10:35-36에 나타나듯 전쟁을 시작할 때 하나님이 행동하시도록 그분을 부르는 요청을 연상시킨다. 역대하의 기도는 마지막으로 "다윗에게 베푸신 주의 한결같은 사랑"에 호소한다. 이와 같이 **모세로부터**(왕상 8:53) **다윗에게로**(대하 6:42) 호소의 대상이 바뀌는 것은 한 전승에서 다른 전승으로 이동하는 전환을 의미한다. 동시에 그것은 모세가 받은 **쌍방 언약**으로부터 사무엘하 7:14-16에서 다윗이 받은 **일방적 보증**으로의 전환이다. 그러므로 이 기도는 이스라엘의 행위에 의존하지 않는, 더 확실하고 신뢰할 만한 야웨의 약속이라는 보증에 호소한다. 이러한 기대는 야웨의 **헤세드**(견고한 유대감)에 기초한다. 따라서 전염병을 포함해서 역대하의 기도에 언급된 모든 재앙은 야웨의 한결같은 신실함이라는 범위 안에 새로 위치한다.

이스라엘 왕국의 역사에 대한 역대기 저자의 기록은 예루살렘 성전을 중심축으로 한다. 따라서 기도의 장소로서 성전에 대한 다른 호소들이 있으리라는 것을 기대할 수 있다. 열왕기의 내러티브에서 그와 같은 두 가지 변형을 확인할 수 있다. 역대하 7:12-16에 나타나는 내러티브는 열왕기에서 병행 본문을 찾을 수 없다. 열왕기상 9:1-9에서 야웨가 솔로몬에게 두 번째로 나타나셔서 성전에 늘 계시겠다는 전반적 보증을 주시기는 한다. "내 눈길과 내 마음이 항상 거기에 있을 것이다"(3절). 하지만 역대하 7장에서는 6장의 기도에 나열된 재앙들에 대한 언급과 더불어 왕에 대한 보증이 훨씬 더 구체적이고 자세하게 언급된다.

> 내가 하늘을 닫아서 비가 내리지 않을 때, 또는 메뚜기들에게 땅을 황폐하게 하라고 명령할 때, 또는 내 백성 가운데 전염병이 돌게 할 때, 만약 내 이름으로 일컫는 내 백성이 자기를 낮추고 기도하며 내 얼굴을 찾고 그들의 악한 길들에서 돌이키면, 그때 내가 하늘에서 듣고 그들의 죄를 용서해 주며, 또 그들의 땅을 고쳐 줄 것이다. (대하 7:13-14)

이 기도는 야웨가 백성의 회개 기도를 들으시고, 그들의 죄를 용서해 주신다고 보증한다. 여기서 야웨의 반응은 일종의 명령으로, 이스라엘이 야웨에게로 돌이키는 것을 네 개의 동사로 명백하게 표현한다. 곧 그들은 저마다 "자기를 낮추고, 기도하며, 내 얼굴을 찾고, 또 악한 길들에서 돌이켜야" 한다 (14절). 다시 말해, 그들은 무엇보다도 그와 같은 위기를 초래한 생활 방식을 그만두어야 한다. 하나님이 솔로몬에게 두 번째로 나타나신 이 버전은 분명히 6장의 첫 번째 기도와 연결되어 있다. 그 버전은 6장의 구체적 사례들과 상응하며, 따라서 예루살렘 성전이 진정한 상호 작용이 이루어지는 장소임을 보증한다. 그곳에서 야웨는 이스라엘 백성의 긴급한 상황들에 응답하신다.

열왕기의 내러티브와는 상응하는 것이 없지만, 역대하의 또 한 가지 사례는 성전에서 이스라엘이 드리는 기도가 효력이 있음을 보여 준다. 이 내러티브의 설명에 따르면, 그 당시 예루살렘 회중과 여호사밧왕은 모압과 암몬과 에돔 족속의 군사적 위협에 시달리고 있었고, 왕은 예루살렘에서 몹시 두려워했다. 그 위기에 대한 반응으로, 여호사밧왕은 성전에서 야웨께 기도를 드린다(대하 20:6-12). 그는 야웨가 "권세와 능력"을 지니셨으므로, "아무도 주께 맞설 수 없다"고 시인한다 (6절). 근심에 찬 왕은 위협에 직면하여 예루살렘과 유다 왕국의 군대는 "대적할 능력이 없다"고 인정한다. 그러므로 여호사밧왕의 기도는 야웨의 권능과 유다 왕국의 무능력을 극명하게 대조한다. 그의 기도는 다음과 같이 마무리된다.

우리 하나님이시여, 그들에게 벌을 내리지 않으시렵니까? 우리를 치러 오는 저 큰 대군을 대적할 능력이 우리에게는 없습니다. 우리는 어찌할 바를 알지 못합니다. 그러나 우리의 눈은 오직 주님만 바라봅니다. (12절)

여호사밧왕과 이스라엘의 눈은 오직 성전에 계신 주님만 바라본다. 왜냐하면 도움을 받을 수 있는 다른 대상이 아무도 없기 때문이다. 이스라엘이 다른 누구를 바라볼 수 있겠는가!

두려운 상황 가운데, 여호사밧왕은 역대하 6:28의 기도를 거의 그대로 인용하며 기도한다. 하지만 지금 그 인용은 "야웨께서 들으시고 구원하시리라"(대하 20:9)는 보증으로 마무리된다. 기도하는 왕은 하나님이 건지실 것이라고 확신한다. 역대하 20:20-30의 이어지는 내러티브에서, 그 기도는 실제로 응답되어 여호사밧왕은 군대의 위협으로부터 놀랍게 구원받았다. 주께서 "복병을 두어" 여호사밧의 대적들을 치신 것이다. 유다 백성은 단지 기도하며 찬양하기만 했다.

이 내러티브는 모든 재앙에 대한 합당한 해결 방법으로서 예루살렘 성전에서 기도하는 것이 효력이 있음을 확증해 주는 또 하나의 사례다. 여호사밧의 사례에서 이 재앙은 전쟁과 관련된 것이지만, 이러한 확증은 전염병을 포함한 모든 재앙에 적용할 수 있다. 여호사밧은 자신의 간구에서 세 가지 전형적 재앙—칼, 전염병, 기근—을 언급한다(9절). 그러므로 기도와 응답의 상호 작용 안에서 이 모든 전형적 위협은 야웨의 통치에 맡겨야 하는 것으로 재해석된다.

이데올로기와 마술적 사고

이상의 본문은 고대 이스라엘에서 **전염병과 기도**의 직접적이며 밀접한 연관성을 암시한다. 이를 현대 세계로 가져와 적용하는 것은 쉬운 일이 아니다. 그렇지만 그 연관성은 충분히 중요하므로, 살펴볼 필요가 있다. 전염병과 기도의 직접 교환이라는 상황에서 우리가 무엇을 얻을 수 있는지 의아할지도 모른다. 우리 상황과 아주 가깝지는 않지만, 우선 그 연관성의 두 가지 측면을 확인할 수 있을 것이다.

첫째, 열왕기상 8장의 성대한 봉헌 행렬 내러티브는 부분적으로 홍보하려는 의도가 포함된 이스라엘 왕국의 드라마로 거행되었음이 분명하다. 다시 말해, 효능 있는 기도가 행해지는 장소로서 예루살렘 성전을 홍보하는 것은 이스라엘 왕국 제도를 강화하는 것이다. 왜냐하면 그 성전은 이스라엘 왕을 위한 하나의 매체였기 때문이다. 아마샤 제사장이 아모스 선지자에게 인정했듯이(암 7:13), 그와 같은 매체는 왕국의 목적을 이루기 위한 것이었다. 이스라엘의 왕은 이스라엘 백성이 기도하도록 이끌어서, 그들이 언약의 하나님에게 가까이 나아가게 했다. 오늘날 대통령이 참석하는 '조찬 기도회'를 보면 분명히 알 수 있듯이, 국가가 주도하는 모든 의식에는 불가피하게 선전 요소가 포함되어 있다. 이와 같은 선전의 측면이 모든 것을 설명하지는 않지만, 권력과 경건의 결합은 세심한 주의를 기울일 가치가 있다.

둘째, 고대 이스라엘에서 어떤 이들은 기도에 대해 다소 순진한 개념을 가지고 있어서, 기도를 일종의 마술과 같은 행위로 여겼다. 그들은 올바로 기도하기만 하면 자신들이 환영할 만한 올바른 결과가 나타난다고 믿었다. 하나님이 명령만 하시면 고통이 간단히 사라질 수 있다고 기대한 이들도 있었다. 기도에 대한 그와 같은 '순진한 생각'은 분명히 우리에게도 해당하는 바가 있다. 예를 들면, 타당하고 경건한 발언은 좋은 결과들을 가져온다는 식으로 말이다. 아마도 그 같은 순진한 신학은 "그것은 어느 날…기적처럼 사라질 것이다"라는 트럼프 대통령의 주장에도 반영되어 있을 것이다. 그리고 물론 이 본문들은, 우리가 그와 같은 신앙주의(fideism)를 받아들인다면, 그러한 순진한 개념도 기꺼이 허용할 것이다. 과학적 증거를 철저히 무시하는 태도는, 트럼프가 그와 같은 마술적 가능성에 우호적일 수도 있음을 암시한다.

재앙을 맥락화하는 상호 관계

하지만 이 본문들을 구조화하고 전달하고 중요하게 다룬 많은 이들 덕분에, 우리는 이 본문들이 선전과 마술을 넘어 더 복합적인 해석으로 안내하며 또 그와 같은 해석을 환영한다고 생각할 수 있다. 계몽주의 이전의 세계에서 이 본문에 진지한 관심을 기울였던 사람들이 그와 같이 단순하게 해석할 만큼 순진했다고 추정하는 이들도 있지만, 그런 가설은 아무런 도움도 되지 않는다.

선전과 **마술**을 모두 벗겨 낼 수 있다면, 비로소 우리는 이 본문들을 어떻게 이해해야 하는지 올바로 숙고하게 될 것이다. 이 본문들은 재앙들 자체에 대해서는 별 관심이 없다는 듯, 매우 간략하게 언급한다. 이 본문들은 재앙들을 자세히 묘사하느라 지체하지도 않고, 야웨의 긍정적 응답에도 많은 에너지를 쏟아붓지 않는다. 오히려 강조점은 **신실하게 기도하는 것**과 **하나님이 그 기도를 들으실 것을 기꺼이 신뢰하는 것**에 있다. 곧 **해당 재앙을 재맥락화하는**(recontextualize) **관계**의 유효성과 신뢰성에 강조점을 두는 것이다.

한편으로는, 모세가 받은 언약의 약속(왕상 8:53)이나 다윗이 받은 일방적 약속(대하 6:42)을 야웨가 신실하게 지키신다는 것에 강조점이 놓인다. 여기서 결정적 관심사는 언약의 집행 방식이 아니라 하나님의 신실하심이다. 다른 한편으로는, 이스라엘 백성이 하나님을 신뢰하며 간구해야 하지만, 그들은 돌이키고 회개하며 야웨 앞에 겸손해야 한다는 것에 강조점이 놓인다. 곧 야웨의 목적들에 합당하게 반응하면서, 언약에 기초한 존재로서 다시 신실한 삶을 살아야 한다는 것이다. 이스라엘의 역할은 **언약에 기초한 삶을 회복하는 것**이며, 야웨의 역할은 **옛 약속들을 실행하시는 것**이다. 이와 같은 사실을 인정하며 기도할 때 언약 관계가 다시 회복된다. 이러한 관점에서 보면, 어떤 재앙들은 신앙생활을 새롭게 하라고 경각심을 불러일으키는 계기로 드러난다. 이스라엘은 야웨가 그 재앙을 결정적으로 해결해 주실 것이라고 계속해서 신뢰하며 희망을 품을 수 있지만, 그 강조점은 다른 데 있다. 바로 하나님과 맺는 관계의 진실성과 신뢰성('은혜와 진리')이다. 결국 재앙(전쟁, 전염병, 기근)은 최종 권세가 아니므로 삶 자체를 부인하지 못한다. 그러므로 이스라엘은 진정으로 전염병의 위협이 극복될 것이라고 희망하며 믿을 수 있다. 하지만 그들은 힘을 다해 야웨 하나님과의 언약에 기초한 삶에 헌신해야 한다.

열왕기와 역대기에서 그려 내듯이, 예루살렘 성전은 이 세상에서의 삶을 다시 자리매김하기 위한 위대한 드라마가 상연되는 장소다. 이 본문들은 율법의 규정들에 기쁘게 순종하면서 살아갈 때 좋은 결과가 온다고 확언한다. 언약에 기초한 삶과 행복 사이의 그러한 연관성이 그렇게까지 순진한 생각은 아니다. 이스라엘은 하나님이 지으신 창조세계 안에 다양한 위험 요소들이 계속 나타난다는 것을 안다. 그렇지만 이 위험 요소들은 이 세상에서 가능한 것이 무엇인지 또는 필요한 것이 무엇인지에 대해 최종적 힘을 발휘하지는 않는다. 따라서 전쟁과 전염병과 기근은 궁극적으로 창조주 하나님에게 맡길 수 있는 것이다. 그분은 그와 같은 재앙들마저도 주관하시기 때문이다. 그러므로 일상생활을 엉망으로 만드는 바이러스도 그 힘을 빼앗길 것이다. 결국 이 본문들은 재앙으로부터 야웨의 통치로 **주어를 전환한다**. 그렇게 바뀐 주어는 우리가 위협 아래에서 이웃들과 어떻게 살아가야 할지 방향을 조정해 줄 것이다.

빵과 물고기를 주시는 하나님

(마 7:7-11)

우리는 쉽게 말로만 "기억하고 기도한다"고 합니다.
    우리는 깊이 숙고하지도 않은 채 '기억합니다.'
    우리는 제대로 기도하지도 않으면서 '기도합니다.'
우리는 말로만 행합니다.
    그것이 어떤 무기력한 신을 다루는 방법이기 때문입니다.
    무언가를 더 하려고 들면 곤란해지기 때문입니다.
    편하고, 아무런 비용도 들지 않기 때문입니다.
그렇지만 이제 우리는 **상상도 할 수 없는 생각**을 해야 합니다.
    끝나 가는 모든 것에 대해,
    우리가 잃은 모든 것에 대해,
    우리를 허탈감으로 내모는 모든 것에 대해 말입니다.
그렇지만 이제 우리 가운데 어떤 이들은 **말로 할 수 없는 기도**를 해야 합니다.
    우리는 그런 기도를 할 수밖에 없습니다.
        우리가 늘 의지하던 것들이 사라졌음을 알기 때문입니다.
    우리는 변치 않으시는 주 하나님께 나아갈 수밖에 없습니다.
        모든 도움이 무너지고 모든 위로가 쓸모없기 때문입니다.
따라서 우리는 담대하게 기도합니다.
    우리는 담대하게 **구합니다**. 그러면 주실 것이므로!

바이러스의 종식을,
이웃의 건강을,
경제가 회복되기를 구합니다.
우리는 담대하게 **찾습니다**. 그러면 찾아낼 것이므로!
주님의 자비와 선하심과 관대함을 찾습니다.
그래서 주님이 우리 곁에 계신 것을 찾아내게 하소서.
우리는 담대하게 **두드립니다**. 그러면 열릴 것이므로!
많은 문이 꽉 닫혀 있음을 압니다.
건강과 안전과 위로와 즐거움의 문이 닫혀 있습니다.
생명과 사랑과 평안과 기쁨의 문을 열어 주소서.
여기 우리 모두 주님 앞에 있습니다.
우리에게 **빵**을 주소서.
생명의 빵,
풍요의 빵,
이웃과 나눌 빵.
돌이나 부스러기는 주지 마소서.
우리에게 **물고기**를 주소서.
좋은 음식으로서의 물고기,
주님의 풍성한 생수의 물고기,
복음을 가리키는 물고기.
뱀이나 독은 주지 마소서.
우리는 담대하게 기도합니다. 어찌할 바를 몰라서가 아니라,
주께서 우리 삶의 한가운데 계시기 때문입니다.
우리의 소망은 다른 구원이 아니라 오직 주님 안에 있습니다!

그러므로 들으시고, 고치시고, 구원하시고, 회복해 주소서!
우리에게 약속하신 그 하나님이 되어 주소서! 아멘.

5

자아로부터 하나님께로 돌이킴
시편 77편

시편 77편은 진실한 신앙인이 간절히 소망하는 삶의 새로운 방향 설정에 대한 그림을 훌륭하게 구체화하여 보여 준다. 이 글에서 나는 이 시편을 단순히 기도나 예배 의식에서 사용되었던 잔여물이 아니라, 오히려 자아가 말하기를 통해 새로운 신앙에 이르는 실제적 '언어 순례'(speech pilgrimage)로 여긴다. 특별히 이 시편은 시인의 삶이 **자아에 대한 몰두로부터 하나님에 대한 복종과 의존**으로 옮아가는 과정을 보여 준다.

자아에 관한 관심

이 시편의 전반부는 상당히 전형적인 탄식의 표현을 보여 준다.[1] 시인은 매우 다른 수사법으로 시편의 흐름을 이끌어 가는데, 우리는 그 점을 주목하면서 시인이 탄식을 통해서 무엇을 말하는지 살펴볼 수 있을 것이다.

1. 시인은 자기 자신을 향해 눈을 돌려 스스로 연민하고 자신에게 몰두한다. 지금 그는 자기 자신에 대해서밖에 말할 수 없다(1-6절).

내가 하나님께 소리 높여 부르짖습니다.…

내가 주님을 찾습니다.

내 손을 펼쳐 듭니다.

내 영혼은 위로받기를 거절합니다.

내가 하나님을 생각합니다.

내가 신음합니다.

내가 생각에 잠깁니다.

내 심령이 상합니다.

주께서 **내 눈꺼풀을** 꼭 붙잡고 계셔서 눈을 감지 못합니다.

내가 너무 괴로워서 **내가** 말할 수도 없습니다.

내가 옛날을 곰곰이 생각합니다.

내가 지나간 세월을 회상합니다.

---

1 Brueggemann, *Praying the Psalms*, 8-11 (『시편의 기도』, CLC); Brueggemann, *Spirituality of the Psalms*, 25-45를 보라.

내가 내 마음에 말합니다.[2]

내가 생각에 깊이 잠기며 **내 심령을** 세밀히 살펴봅니다.

이 시인은 자기 자신에 대한 완전한 목록을 만들고, 어떻게 그 모든 것이 각각 자아에 관심을 기울이는 데 활용되는지 살펴본다.[3]

2. 그다음 7-9절에서는 수사 의문문이 연속적으로 제시된다. 그러나 심지어 여기서도 자아라는 주제에 대한 관심이 계속된다.

주께서 영원히 버리실까?

그리고 다시는 은혜를 베풀지 않으실까?

그의 한결같은 사랑이 영원히 끊긴 것일까?

그의 약속들도 영원히 끝났을까?

하나님께서 은혜를 베푸시는 것을 잊으셨을까?

그가 노하셔서 그의 긍휼을 그치셨을까?

---

[2] "내가 내 마음에 말합니다"라는 표현은 자기 자신에 몰두해 있는 사람의 종교적 진술로, "혼자 말로" 기도했던 어떤 바리새인에 대한 묘사와 다르지 않다(눅 18:11, 새번역).

[3] 그 자아 목록(self-inventory)은 "내가 내 모든 뼈를 셀 수 있나이다"라는 시편 22:17의 탄식과 병행을 이룬다.

이 부분은 명백하게 야웨에 대한 언급으로, 하나님의 존재가 1-6절에서보다 더 잘 드러난다. 그러나 그와 같은 수사적 노력은 야웨를 자아에 관한 관심의 범위 안으로 완전히 끌어들이기 위한 것이다. 이 절들에는 이스라엘이 하나님과 맺은 언약에 관련된 세 가지 매우 소중한 히브리어 단어들, 곧 신실함, 은혜, 긍휼을 의미하는 헤세드(ḥesed), 하난(ḥanan), 라함(raḥam)이 나타난다. 따라서 이 질문들은 가장 긴급한 신앙의 이슈들을 제기한다. 그 질문들은 하나님의 성품 자체에 대해 묻는다. 하지만 그 질문들은 자아에 관한 관심을 최우선으로 여기는 데서 나온 것이다. 겉보기에 그 질문들은 과연 하나님이 신실한 분이신지를 묻는 듯하다. 그러나 실제로는, 자신에 대해 묻는 것이다. 심지어 시인은 야웨의 가장 근본적 특성마저 이와 같은 자기 집착 안에서 소비한다. 여태 우리는 나르키소스의 연못가에 있다.[4] 시인은 이 모든 것이 어떻게 작동하는지 이해하는 사람처럼 말한다. 그는 무엇이 하나님의 **헤세드와 라함**을 움직이는지 알고, 어떻게 그것을

---

[4] Christopher Lasch는 그의 저서 *Culture of Narcissism: American Life in an Age of Diminishing Expectations*에서 신화와 우리 시대의 병리학(pathology) 사이의 몇 가지 중요한 연관성을 지적했다. 그와 같이 현대인을 무기력하게 만드는 나르시시즘의 중요한 구성 요소 가운데 한 가지는 상상력을 단조롭게 한다는 것이다. 그래서 현대인은 현재의 있는 그대로의 삶 이외에 다른 것에 대해서 또는 자아를 초월하는 삶에 대해서 생각하지 못한다고 한다. 『나르시시즘의 문화』(문학과지성사).

얻는지도 안다는 것이다. 이 시편이 당면한 위기는 다음 두 가지 가운데 하나일 것이다. 시인이 모든 것이 어떻게 작동하는지 안다는 것은 비밀이 모두 풀렸음을 뜻한다. 또는 개연성이 더 높은 것으로서, 비록 시인이 그것이 어떻게 작동하는지 알지만, 실제로는 결코 그렇게 작동하지 않는다는 것이다! 그렇다면 그가 믿는 종교는 실패한 것이다.

J. 제럴드 잰슨(Gerald Janzen)은 구약성경의 몇몇 수사 의문문은 단지 수사적인 것이 아니라 진지하고 심각한 질문들이라고 주장했다.[5] 그와 같은 질문들은 물을 수 없는 것(the unaskable)을 묻는다. 화자는 질문의 형식을 취하여 우리와 하나님의 보좌 사이 공간에 있는 위험한 미답지로 들어간다. 시편 77편의 시인은 전형적으로 순종하는 삶을 살던 사람이다. 그는 그 토대 위에서 야웨를 향한 어떤 합당한 기대를 품는다. 그는 하나님을 향해 품었던 기대가 깨어져 신앙을 버린 사람은 아니다. 그러나 자신이 믿었던 관습이 실패로 드러나자 순종의 어조가 바뀌기 시작한다. 그는 상상력을 발휘하여, 하나님의 **헤세드**가 자신과 같은 신자 개개인과 일방적이고 무조건적이고 자동적으로 연결된 것이 아닐지도 모른다고 추측하기 시작한다. 시인은 (정말로 하나님이 신실하신 분이

---

[5] J. Gerald Janzen, "Metaphor and Reality in Hosea 11."

라면!) 하나님의 **헤세드**가 작용하는 세상은 여기가 아닌 다른 곳이며, 그것에 호소해서 무엇을 요구할 수 없다고 의심하기 시작한다. 하나님은 언제든 부르기만 하면 응답하시는 분이 아니다. 여기서 양자 사이의 공간이 위험하고 알 수 없는 곳이라는 일종의 탐구가 이루어진다. 그 공간의 모든 것은 아직 분석되거나 체계화되지 않았기에 단지 추측할 수 있을 뿐이다. 시인이 있는 여기와 하나님의 보좌 사이의 공간에서 어떤 부분은 제어되지 않은 채 존재하며 따라서 예측할 수 없다. 그리고 만약 그 공간이 통제를 초월한다면, 하나님을 좁은 틀에 가둔 낡고 순진한 신앙을 사정없이 몰아붙일 것이다.

시인은 야웨에 대한 전적인 확신을 가지고 편안하게 성장해 왔다. 그러한 확신은 자기 자신을 위한 든든한 보장으로 쉽게 옮겨 가기 때문이다. 그러나 이제 그 모든 것은 산산조각이 나고 있다. "이토록 의로운 율법"(참고. 신 4:8)이라는 안전한 제안들로 축소된 하나님은 이제 "형상이 보이지 않는"(참고. 신 4:12) 하나님으로 알려진다. 심지어 그 형상이 **헤세드, 하난, 라함**으로 이루어져 있다고 생각될 때도 말이다. 1-6절에서 언급된 자아 목록들 뒤에 이제 7-9절에서 절망을 드러내는 수사적 질문들이 등장한다. 시인은 옛날의 안전한 종교가 무너지고 있다고 추측하기 시작한다.

새로운 질문들

1-6절의 "나, 나, 나"에서 7-9절의 질문들을 통한 탐구로의 전환은 주목할 만하다. 1-6절에서 시인은 여전히 안전하게 뿌리를 내리고 있으며 관습에 머물러 있으나, 7-9절에서는 새로운 질문들을 제기한다. 그런 뒤에 10절의 고백이 나온다. 10절은 이 시편의 아주 중요한 전환점이지만, 번역하기가 대단히 까다롭다. 분명히 10절은 두 방향의 길을 모두 바라보고 있다. 곧 1-6절의 "나"를 주어로 한 말들을 회상하는 동시에 이 시편의 나머지 부분(11-20절)을 내다본다. 10절을 구성하는 요소는 두 가지다. 첫 번째 요소는 **슬픔 또는 고통**에 대한 진술이다.[6] 두 번째 요소는 **변화**에 대한 진술인데, 아마도 하나님이 달라지셨음을 가리킬 것이다. 이 절은 번역이 어려워서 뉘앙스에 따라 다양한 번역이 존재한다. 미국성서공회의 신개정표준역 성경(New Revised Standard Version, NRSV)은 이 절을 이렇게 번역한다.

내가 또 말합니다. "나의 슬픔은 바로

---

6   Calvin, *Commentary on the Book of Psalms*, 2:214-215에서는 그 단어를 히브리어 어근 *ḥlh*에서 취하며, "죽이다"(찌르다)의 의미로 이해해서 "내 죽음"이라고 번역한다. 『칼빈성경주석 8: 시편 2』(성서교재간행사). Anderson, *Book of Psalms*, 2:558에서 제시하는 유익하고 명료한 주해를 보라.

지극히 높으신 분의 오른손이 달라졌다는 것입니다."

예루살렘성경(the Jerusalem Bible, JB)에는 이렇게 번역되어 있다.

그때 내가 이렇게 말했습니다. "이것이 나를 괴롭힌다.
곧 지극히 높으신 분의 권능이 이전 같지 않다는 것이다."

새영어성경(New English Bible, NEB)은 다음과 같이 더 예리한 번역을 제시한다.

내가 말했습니다. 그의 오른손이 잡을 힘을 잃어버렸는가?
지극히 높으신 분의 팔이 힘없이 늘어져 있는가?

한스 요아힘 크라우스(Hans Joachim Kraus)는 이를 다음과 같이 주해한다. "하나님의 일과 길은 인간 존재를 초월한다(사 55:8 이하). 그것은 인간이 가까이 다가갈 수 없는 눈부신 빛 안에 있다. 야웨 하나님은 거룩한 분이시며(시 71:22; 89:19), 그야말로 '전적 타자'이시다. 그분의 구원 행위들은 무엇과도 비교할 수 없는 그분의 존재를 입증한다(참고. 출 15:11)."[7]

시편 77편의 화자는 야웨가 철저히 자유로우시며, 언제라도 불러낼 수 있는 분이 아니고, 이용의 대상으로 삼을 수도 없다는 사실을 깨달았다. 하나님은 동등한 보응 규칙에 갇히시는 분이 아니다. 그분의 그러한 변화를 깨닫는 것은 슬픔, 질병, 낙담 등의 원인이 된다. 변화하시는 하나님의 자유를 따르는 것은 신자들에게 지독한 불안정을 야기한다. 자기를 숨기시는 자유로운 하나님은 온전히 분별할 수 없거나 완전하게 예측할 수 없다는 인식으로 말미암아, 전적으로 순종하는 관계에 기초한 확실한 위로는 산산조각이 난다. 그리고 그 반응은 틀림없이 이 자유로우신 하나님과 관계 맺는 다른 방법들을 찾으려는 상상을 실천하기 위해 단순한 종류의 순종에서 벗어나는 것이어야 한다. 자유로우신 하나님과 관계하려면 신자의 편에서도 자유가 필요한데, 그 자유는 1-6절의 관습적 종교가 금지할 만한 것이다.

여기에 표현된 슬픔은 하나님의 자비를 못마땅하게 여겼던 요나(욘 4:1, 9)와 다르지 않다. 단지 여기서는 우울함이 더 강력하게 나타난다. 그리고 핵심 내용이 요나 이야기와는 반대로 전개된다. 요나는 하나님이 자비를 베푸시지 않았으면 하는 대상에게 그분이 자비로우시다는 것에 혼란스러워한다. 그러나 여기서 시인은 자신이 하나님의 예측할 수 있는 자

---

7   Hans Joachim Kraus, *Psalms 60-150*, 116.

비로우심을 전적으로 기대했음에도 하나님이 자비를 베풀지 않으신 것에 낙심한다.

시편 77:10의 깨달음은 사실상 고통을 안겨 주는데, 이에 대해서는 여러 해석이 가능하다. 만약 전적으로 단순하고 일차원적인 신앙에 국한하여 생각한다면, 이 구절은 **신앙의 고통스러운 상실**을 뜻한다. 그러나 만약 우리가 위험천만한 상상의 길로 나아가는 순종의 측면에서 생각한다면, 이 구절은 안전하긴 하지만 하나님의 **두려운 위엄**을 무시하는 관습과 틀에 박힌 신앙생활을 초월하는 **새로운 신앙의 시작**이다. 이 구절은 진정한 신앙이 종종 서게 되는 위태롭고 위험한 장소를 나타낸다. 진정한 신앙은 반드시 그곳에 서야 한다. 거기 설 때, 우리는 그것이 **신앙의 상실**인지 **새로운 신앙의 시작**인지 결코 미리 알 수 없다. 10절의 극적 핵심은 이 문제를 해결하지 않은 채 남겨 둔다. 이 언어 순례에서 우리는 이 극적인 순간을 황급히 지나쳐서는 결코 안 된다.

상처받은 파트너

그래서 이 시편은 필사적으로 10절을 벗어나려고 한다. 이제 우리는 이전의 순진함을 완전히 벗어난 상처받은 파트너의 말을 듣게 된다. 우리는 어떻게 이 시인이 10절에서 11절로 나아가는지 알지 못한다. 다만 그것이 쉽지 않았으리라 추측할 수 있다. 우리는 어떤 신앙인이 어떻게 자아에 대한 몰입으로부터 타자의 우선성을 창의적으로 인정하는 방향으로 도약하는지 알지 못한다. 그러나 이 시편과 또한 모든 진지한 성경적 신앙에서 그런 일이 일어난다. 여기에는 지극히 자유로우시며 "아주 가까이 계신 하나님"을 위해서 "이토록 의로운 율법"(신 4:7-8)이 주는 안전함을 떠나는 일이 포함된다. 그러한 극적 이동은 우리를 초월하여 자유로이 존재하는 당신(Thou)을 위해 우선 과제로서 자아를 포기하는 것에 관심을 기울인다. 우리는 자아에 대한 관심을 타자에게 양보하는 이러한 의제의 변화가 성경적 신앙의 중대한 행동이며, 언약 관계의 필수 요소임을 분명히 목격한다. 또한 오늘날 기독교 교육(양육)과 설교가 얼마나 긴급하고 어려운 과제인지 깨닫는다. 우리 문화의 나르시시즘(1-6절을 보라)이 자아를 포기하거나 양보하지 **않는** 것을 목표로 삼기 때문이다. 이 시편은 우리 문화의 이데올로기가 저지하고자 하는 바로 그 신앙적 변화의 본보기를 제시한다. 소비자 관점은 자아 보존과 자아 만족에만 관심을 기울인다. 바로 이것이 1-6절에서 제시되는 것이며, 이어지는 설명에서 포기되는 것이다.

주목할 것은, 이것이 10절 뒤에 이어질 수 있는 유일한 선택지가 아니라는 점이다. 이는 몇 가지 선택안 가운데 하나일 뿐이다. 7-9절의 질문들에서 드러나는 당혹감과 10절의 놀라운 발견 이후에 화자는 또 다른 방향으로 이동할 수도 있었다. 예컨대, 시편 14편으로 움직여서 "하나님이 없다"고 결론 내릴 수도 있었다. 10절 너머로 이동하는 것은 우리 중 누구에게나 위험한 일이다. 아무도 그 결과를 사전에 확실히 알지 못한다. 그러나 여기서 변화는 일어났으며, 그 변화는 이제 자유로운 존재인 "당신"을 삶의 출발점으로 삼는다.[8]

몇 가지 가능성 가운데 하나인 이 변화는, 신실한 신앙인이면서 우리 문화 안에 살고자 하는 우리와 직접 관련된다. 한편으로, 11절에 나타나는 변화는 율법의 종교에서 은혜의 종교로의 이동이다. 이는 우리가 통제에 의해서가 아니라 은혜로 산다는 인식을 명백하게 표명한다. 다른 한편으로, 소비자 중심주의(consumer narcissism)의 특성이 있는 우리 사회에서 **사소한 도덕주의적 순종의 종교는 포만의 경제학**(economics of satiation)과 행동을 같이한다는 점에 주목하라. 다시 말해, 그 세속화 버전에서 우리는 하나님이 우리의 모든 소원을 만

---

[8] 이 책의 주장과 극명하게 구별되지만, Gordon Kaufman의 탁월한 저서에 주목할 만한 언급이 있다. Gordon Kaufmann, *Theological Imagination*, 63-75. 만약 내가 올바로 이해했다면, 그는 자의식이 강한 "나"에 대한 주장이 '당신'(Thou)의 자유롭게 하는 실재에 이르게 한다고 주장한다. 하지만 나는, 그러한 이동이 자의식의 온전한 행위로부터가 아니라 오히려 근대성이 그토록 어려워하는 자아 포기로부터 온다는 것을 이 시편이 주장한다고 믿는다.

족시켜 주실 것(시 145:16)이라는 소망을 품지 않는다. 그러나 우리는 다른 원천을 통해서라도 우리의 모든 소원이 만족되기를 기대한다. 우리는 **소비자 만족**과 **사소한 순종**이 서로 단결하는 문화에 속해 있다. 그러한 견고한 동맹은 **우리가** 자기밖에 모르는 삶을 포기하지 않는 것을 변명하고, 자기 필요와 욕구 말고는 관심을 기울이지 않는 행동 강령을 지키게 한다.

우리를 끌어당기는 종교적 유혹은, 7-9절의 위험한 수사적 질문들에 가까이 다가가서 10절의 상처와 고뇌를 인식하지만, 그다음 11절의 "당신"으로 나아가지 않고 오히려 1-6절로 다시 돌아가는 것이다. 그것은 자아(및 자아를 위한 프로그램)에 몰두하게 하고, 무감각해질 것을 요구한다.[9] [하나님의] 도움을 얻을 수 없다면 무감각한 것이 도움이 될 것이기 때문이다.

상상력의 새로운 세계

하나님의 자비로 말미암아, 이 시는 이전으로 되돌아가지 않는다. 만약 그랬다면, 이 시는 단지 우리의 끔찍한 자아 몰두를 비추는 거울에 불과할 것이다. 그렇다면 그것은 신앙의 본

---

[9] 우리 문화의 문제점인 '마비'(numbing)에 대해서는 Dorothee Soelle, *Suffering*을 보라. 『고난』(한국신학연구소). 또 특별히 Robert J. Lifton의 중요한 연구를 요약한 *The Broken Connection: On Death and the Continuity of Life* (1979)를 보라.

보기가 아니라 자아 섬김의 실행일 뿐이다. 그러나 이 시는 앞으로 나아간다. 이 시는 무언가 새롭고 놀라우며 예측할 수 없는 것에 대해 이야기한다. 그리고 바로 그 때문에 우리는 이 시에 주목한다. 이 시는 놀라운 방식으로 앞으로 나아가며, 11절이 곧바로 10절을 따라온다. 우리는 이러한 이동을 보여 주는 모범 사례를 기꺼이 반기지만, 동시에 그것이 어떻게 가능한지에 대해서는 알지 못한다고 인정할 수밖에 없다. 아마도 여기뿐 아니라 다른 어디에서도 이러한 변화가 쉽고 신속하게 일어나지는 않을 것이다. 아마도 여기에는 마치 차가운 수영장 가장자리에 서서 발끝으로 물의 온도를 확인하며 머뭇거리는 것 같은 긴 멈춤, 필사적 저항, 비용 계산이 있을 것이다. 그런 뒤에 상상력이 넘치는 신앙의 새롭고 차디찬 세상으로 뛰어드는 도약이 일어난다. 이는 곧 옛 자아로부터의 진정한 놓임을 의미한다.

1-10절에서 11절로의 이동은 예수님이 생각했던 전환과 비슷하다.

> 누구든지 자기 목숨을 구하고자 하면 잃을 것이요,
> 　누구든지 나와 복음을 위하여 자기 목숨을 잃으면
> 　구할 것이다. (막 8:35)

시편의 연속적 "나" 언급과 마찬가지로, 첫 번째 부분은 **목숨을 보전하는 것**에 관한 것이다. 그리고 연속적 "당신" 언급과 더불어, 두 번째 부분으로의 이동은 **자기 목숨을 얻기 위해서 그것을 잃을** 각오를 하는 것에 대해 말하고 있다. 나는 기도와 예배가 자기 포기(self-surrender)의 가장 적절한 영역이라고 주장하는 것이 아니다. 그러나 우리 삶에서 이러한 이동을 위한 예전적 방법이 없다면, 우리는 인격적 성숙에 관해서든 사회적 변화에 관해서든 다른 어떤 곳에서도 그러한 이동을 만들어 내지 못할 것이다. 이스라엘의 수사법은 그와 같은 이동을 생각할 수 있게, 다시 말해 상상 가능하게 해 준다.

여기에는 기다림, 희망, 저항, 포기, 죽음, 놀람 등이 있다. 11절에 따르면, 이 시인은 자아 몰입을 포기하고, "달라진" 이분께 집중할 수 있었다. 이는 곧 10절에서 분노와 상실을 야기한 바로 그 변화였다.

우리의 과거로 다시 들어감

11절에서 시인은 상상력의 새로운 세계로 들어간다. 1-6절에서 그는 모든 것을 소멸시키는 '나의 현재'에만 오로지 초점을 맞추었다. 그러나 이제는 자기에만 몰두하느라 묻어 두었던 '우리의 과거'로 다시 들어간다. 지난날을 곰곰이 생각하던 화자는 새로운 사실을 깨닫는다. 곧 변하기도 하시고 오고 가기도 하시는 하나님의 자유로움이야말로 이스라엘의 희망이며, 그 자유가 현재든 어느 시점에든 화자 자신과 같은 사람들을 구원하신다는 깨달음이다.

시편 77편의 후반부에는 이제 매우 다른 단어들이 사용된다.

11절 "행위들"(*ma'alle*)

"놀라운 일들"(*pil'ekah*)

12절 "일"(*pa'alekah*)

"행위들"(*alilothikah*)

이 네 단어들은 간결한 교차 배열을 이룬다. 핵심 강조점은 13절에 "오 하나님, 당신의 길은 거룩합니다(*qadosh*)"라고 언급된다. 하나님의 길은 "전적으로 다르다"(wholly Other). 그러므로 그 길을 축소시켜서도 안 되고, 나의 필요나 기대에 맞추어 조정하거나 일치시키려 해서도 안 된다. 그런 다음 자연스럽게 비교할 수 없는 확신이 뒤따른다. "어떤 신이 우리 하나님처럼 위대한가?" 앞에서 언급했던 신명기 4:8의 질문과 비슷하게 들리는 질문이다. 우리 하나님 같은 신은 없다. 우리 하나님처럼 가까이 있거나, 지극히 자유롭거나, 놀라게 하거나 애태우는 신은 없다. 여기에 모든 유비의 종말이 있다.

11-20절에서 담대해지고 해방된 시인은, 1-6절에서 자아에 몰두해 있던 자신이 어떤 우상에 대해 불평하고 있었음을 발견한다. 왜냐하면 **헤세드**, **하난**, **라함**의 자유로우신 하나님은 점괘가 든 포춘 쿠키 같은 취급을 결코 받지 않으실 것이기 때문이다.

재맥락화의 결론

이 시편의 나머지 부분(15-20절)은 과거의 위대한 행위들을 암송하는 신앙 고백과 같다. 15절은 히브리어 동사 '가알'(ga'al)과 함께 출애굽기의 언어를 사용한다. 16-18절은 폭풍우에 관해 이야기한다. 이를 일으키시는 분은 바로 하나님이시다. 그 언어는 시편 29편의 가나안을 향한 폭풍우 묘사와 다르지 않지만, 폭풍우에 관한 언어는 일관되게 이스라엘 백성을 대상으로 삼는다. 16절은 출애굽 당시 바다의 이미지를 사용하는 시편 114:3-4을 반영한다. 17-18절 또한 폭풍우에 대해 이야기한다. 그러나 강조점은 19-20절의 이스라엘 백성에 있다. 그 강조점은 이 시편의 맨 마지막에서 완전히 구체화되며, 또 모세와 아론을 언급함으로써 전적으로 이스라엘과 관련됨이 드러난다.

이 시편에서 가장 두드러진 것은 갑작스럽게 끝난다는 점이다. 여기에 1-6절의 주제와 관련된 언급은 전혀 없다. 무엇이 해결되었는지에 대한 언급도 전혀 없다. 마치 시인은 1-6절의 상황에 대한 결론을 15-20절의 진술과 관련하여 스스로 이끌어 낸 것 같다. 아무것도 해결되지 않았지만, 모두 새로운 맥락 속에 놓여 있다. 1-6절에서 시인은 편견에 사로잡혀 있었다. 자신의 개인적 고통은 하나님이 자기를 돌보지 않으신다는 증거라는 협소한 영역에 갇혀 있었기 때문이다. 하지만 그와 같은 협소한 종교적 의제는 산산조각이 났다. 올바로 기억하고, 무엇과도 비교할 수 없는 하나님을 인식하며, 이스라엘의 구체적 역사를 언급함으로써, 그러나 무엇보다도 "당신"(*attah*)을 언급함으로써 무너지고 말았다.

이제까지 이 시편을 상세하게 다룬 이유는, 이 시편이 구조적 측면에서 하나님의 백성에 관한 이야기를 들려준다고 생각하기 때문이다. 그들은 언제나 **궁지에 몰리고**(몰리거나) **이동 중**이다. 이 시편은 우리 모두가 이와 같은 싸움을 하면서 산다는 것을 안다. 우리는 "나"와 확실한 짝이 되어, 집에 머무르기 위해 싸운다. 우리는 행복을 위해 이기적으로 순종하는 사소한 종교와, 거룩하신 하나님 앞에서 두려움과 경탄과 전율을 느끼는 완전히 자유롭고 상상력 넘치는 종교 사이에서 움직인다. 이 시편에서 1-6절(7-9절)은 전자의 종교를 잘 보여 준다. 반면에 11-20절은 그 대안에 대해서 말한다. 첫 번째 종교는 "나"의 지배를 받는다. 두 번째 종교는 "당신"

의 통치를 받는다.

> **당신은** 하나님이십니다. (14절)
> **당신은** 당신의 백성을 **당신의** 팔로 속량하셨습니다. (15절)
>> 물들이 **당신을** 보았습니다.
>> **당신의** 천둥소리
>>> **당신의** 번개들
>> 바다에 생긴 **당신의** 길
>> 큰 물에 생긴 **당신의** 통로를 보았습니다.
>> **당신의** 발자취는 볼 수 없었습니다. (16-19절)
> **당신은** 당신의 백성을 인도하셨습니다. (20절)

12절 이후 "나"는 한 번도 언급되지 않는다는 점을 주목하라. 이 시편 전반부의 "나의"—내 고통, 내 손, 내 심령, 내 눈꺼풀, 내 영혼, 내 마음, 내 심령—와 후반부의 "당신의"—당신의 천둥소리, 당신의 번개, 당신의 길, 당신의 통로, 당신의 발자취—가 서로 선명하게 대조된다. 이 수사적 변화는 우연히 일어난 것일 수 없다. 그와 같은 대조는 절대적이며 결정적이고 의도적이다. 그리고 그 전환점은 10절에 놓여 있다. 10절에서 모든 것은 새로운 결단을 기다리며 놓여 있다. 이는 어느 방향으로도 갈 수 있는 목회적 판단의 순간이다. 이는 바로 새로운 소식이 전해지는 복음 선포의 순간이다. 이는 지극히 높으신 분이 달라지시는 세계 안에 살아갈지, 아니면 '가장 보잘것없는 것'이 모든 것의 중심에 우리를 붙들어 두는 세상으로 돌아갈지 결정해야 하는 순간이다. 목회자의 임무는 바로, 막대한 상상력을 요구하는 그와 같은 두려움의 순간에 함께하는 것이다.

자아로부터 당신께로

주님은 거룩하시고 신실하시며 자비로우신 하나님이십니다.
    우리를 존재하게 하시고,
    우리에게 이름과 얼굴과 소명을 주시고,
    우리가 자유롭게 살게 하셨습니다.
우리의 자유 안에서, 우리는 겨우 가끔 깨닫습니다.
    우리에게 다가오는 모든 것을 해결할 수 없음을,
    우리를 대항하는 세력들을 궁극적으로 이길 수 없음을,
    우리 안에 솟아나는 슬픔과 아픔과 분노를 해결할 수 없음을.
우리가 상상했던 자율을 누리고 나서,
    우리는 기꺼이 주님께로 돌아옵니다.
우리가 매우 오랫동안 '나'를 말하고 나서,
    우리는 '당신'을 의지합니다.
        우리는 우리 기억 속에 존재하시는 '당신'을 말합니다.
            구원, 치유, 용서의 기억 속에 당신은 계십니다.
        우리는 최상의 소망들을 차지하시는 '당신'을 말합니다.
            세상의 평화, 행복, 정의를 소망할 때 당신을 말합니다.
우리는 당신과의 신실한 대화로 돌아갑니다.
    당신께 감사하고 찬양하면서, 우리는 '당신'을 말합니다.
        자유롭게 행동하고 우리의 책임을 받아들이면서, 우리는

'나'를 말합니다.
바이러스에 직면한 바로 지금,
우리의 최상의 '나'가 무력함을 발견합니다.
 그래서 '당신'을 말합니다.
  권능을 지닌 '당신',
  자비가 풍성하신 '당신',
  언제나 신실하신 '당신',
   마침내 '당신'!
우리는 당신이 행하신 모든 놀라운 일들을 기억합니다.
 기쁨으로 우리가 당신의 자녀라는 사실을 기억하고,
 우리의 감사, 우리의 소망, 우리의 결심, 우리의 확신을
 회복합니다. 아멘.

6

하나님이 행하시는 새 일
이사야 43:18-19

하나님이 코로나19를 일으키신 분이라고는 상상할 수 없지만, 복음의 하나님이 그 바이러스로 말미암은 위기 안에, 그와 함께, 그 아래 계심을 신뢰할 수는 있다. 종종 그러시듯이, 하나님은 인간의 교만을 멈추고 오만을 억제하는 어려운 작업을 위해 감추어진 방법으로 이 위기의 한가운데 계실 것이다. 바이러스 한가운데서 우리는 이제까지 우리가 만들어 왔고 우리 중 어떤 이들은 적극적으로 즐겼던 세상, 곧 전 세계적으로 자기 충족을 위해 무관심하게 착취를 일삼는 세상에 대해 울리는 경보음을 듣고 있다.

- 이제 우리는 과학 기술을 확신하던 절대적인 세상이 계산을 초월하는 신비에 직면해 그 한계를 드러내는 것을

보고 있다.
- 우리는 우리의 막대한 힘이 설명을 초월하는 위협의 순간을 막아 낼 수 없음을 보고 있다.
- 우리는 우리의 넘치는 부가 안전을 보장해 줄 수 없음을 보고 있다.

우리는 기본으로 돌아가라는 압력을 받고 있다!

하지만 복음의 하나님은 우리의 지나친 야망을 제한하고 억제하실 뿐 아니라, 우리 가운데 새 일을 행하고 계신다. 아마도 우리는 이웃과 함께하는 새로운 정상(new neighborly normal)에 다가서고 있다.

- 상상해 보라. 우리는 재소자들을 다른 방식으로 대우하고 있다. 심지어 위험을 초래할 염려가 없는 사람 가운데 일부는 석방해 준다.
- 상상해 보라. 우리는 생존하기 위한 자원이 필요한 가난한 이웃들에게 관대한 재정 지원을 하고 있다.
- 상상해 보라. 우리는 대학생들을 지원하고 그들의 부채를 해결하기 위해서 관대한 대책을 마련하고 있다.[1]

---

1   코로나19 대응책으로 미국 연방 정부 및 주 정부들이 도입한 정책들이다. 미국 일부 지역에서는 교도소 내 집단 감염을 막기 위해 비교적 경미한 범죄를

하나님이 행하시는 새 일을 선언하면서, 이사야 선지자는 상상력을 발휘하는 대담한 행동에 참여한다. 이를 통해 그는 아직 보이지는 않지만 가능한 세상을 열어 준다. 만약 우리가 신실한 상속자이자 이 대담한 상상력의 실행자가 된다면, 이사야 선지자의 발자취를 따라 새로운 역사적 가능성에 관련된 대담한 상상에 참여하도록 부름받는다. 이 예언적 전승의 상속자들은 그들 눈앞에 보이는 것에 사로잡히지 않는다. 또 이전에 귀중하게 여겼던 것들에 계속 집착하지 않는다. 예언자적 상상력은 선지자들이 보여 주는 하나님의 의도로부터 새로운 사회적 가능성을 기대한다. 지금 우리에게 요구되는 것은 단순한 환상이 아니라, 오히려 하나님이 바라시는 이웃 사랑에 걸맞은 역사적 가능성을 표현할 도덕적 상상력이다. 이 도덕적 상상력은 하나님의 약속에 뿌리내리고 있으며, 동시에 돈, 법률, 천연자원, 사회적 상황 등 다양한 실재들에 근거한다. 예언자의 임무는 바로 이러한 돈, 법률, 천연자원, 사회적 상황에 대한 우리의 인식을 창조주 하나님이 바라시는 바에 굴복시키는 것이다. 그러한 상상력은 참으로 "바라는 것들에 대한 장담이요 보이지 않는 것에 대한 확신이다"

저지른 수감자를 대상으로 조기 석방 제도를 시행했고, 전국적으로는 개인 및 기업 구제를 위한 다각적 지원이 실행되었으며, 학자금 대출은 이자 상환이 유예되었다―편집자.

(히 11:1).

두려움과 불안이 닥쳐오는 순간, 우리는 이전에 안전하고 확실했던 것을 꼭 붙잡고 싶을 것이다. 예언적 전승은 이와 반대로, 미래는 옛날에 소중했던 실재들에 안주하지 않음을 안다. 오히려 미래는 담대하고 신실한 행위를 만들어 내는 담대하고 신실한 생각에 달려 있다. 이것은 언제나 예언자의 임무였고, 지금 이 막중한 순간에는 우리의 예언자적 임무다. 하나님이 가능하게 만드시는 새 일은 관대하고 우호적인 긍휼의 세상이다. 이것이 바로 우리 눈앞에 있다! 이 새로운 일을 행하시는 하나님은 또한 "이전 것들을 기억하지 말라"고 말씀하셨다. 우리에게는 해야 할 일이 너무 많기에, 이전 일들은 잊는 게 좋을 것이다.

- 우리는 노숙자에 대한 징벌적 조치를 잊어버릴 수 있다.
- 우리는 가난한 사람들에 대한 인색함을 잊어버릴 수 있다.
- 우리는 취약계층을 약탈하는 정책들을 잊어버릴 수 있다.

좋은 소식은 우리가 징벌적 조치를 내리고, 인색하게 대하고, 약탈을 일삼는 이전의 길로 되돌아갈 필요가 없다는 것이다. 우리는 하나님이 우리에게 선물하시는 새로운 정상을 받아들일 수 있다!

새로운 정상의 가장자리에서

―――――

우리의 '정상적인 방법'은 우리를 안심하게 합니다.
    우리는 사람들을 부자와 가난한 사람으로 구분하고,
    사람들을 '우리'와 '우리 아닌 사람들'로 분류하고,
    남성을 남성 아닌 성보다 선호하고,
    이성애자와 '이성애자 아닌 사람'을 구별했습니다.
우리가 흔히 생각하는 정상적인 것들은 우리를 안전하게 하고,
    우리를 행복하게 하며,
    우리를 확실한 것들 안에 둡니다.
이제서야 우리의 정상적인 방법은 특권의 구조물로 밝혀졌습니다.
그것은 우리 이웃이 처한 상황의 실상을 감추고 있었습니다.
바이러스 한가운데서, 우리 아닌 사람들도 우리와 다를 바 없다는
것을 깨닫습니다.
    우리는 모두 함께 취약합니다.
우리는 우리 가운데 있는 혼란과 상실감과 심각한 불편을
감지합니다.
    그리고 우리의 옛 정상들이 '다시 위대하게' 되기를 바랍니다.
우리가 할 수 없다는 것만 빼고!
팬데믹으로 일깨워진 새로운 미래로
주님이 우리를 부르신다는 것만 빼고.

지금 주님은 우리에게 상상하며, 위험을 무릅쓰고,
약자가 되라고 요구하십니다.
　지금 우리 가운데는 새로운 정상들이 출현하고 있습니다.
　　눈먼 자가 보고, 문둥병자가 깨끗해지고, 가난한 자들이
　　복음을 듣는 일,
　　대학생들이 빚을 면제받고, 가난한 사람들이 의료 혜택을
　　받는 일,
　　노동자들이 생활하기에 적당한 임금을 받고, 대기질이
　　깨끗해지는 일이 바로 그 새로운 정상입니다.
우리는 (일부에게만) 안전과 행복을 가져다주던 옛날의 정상들로
돌아가기를 바랍니다.
　그러나 주님은 우리를 다른 길로 보내십니다.
주님의 새로운 정상들은 우리에게 적응하라고 요구합니다.
　우리는 잘 적응할 것입니다.
　이전과 다르게 살며 서로 신뢰하고 나눌 것입니다.
'모든 것을 새롭게'는 우리를 극도로 긴장시킵니다.
그러나 그것이 주님이 주시는 좋은 선물임을 알기에,
아쉬움은 있지만 그것을 받습니다.
　우리는 그것을 끌어안으며,
　주님께 감사드립니다. 아멘.

7

탄식의 행렬
이사야 42:14-15

바울은 로마서 8:22에서 "모든 피조물이 탄식한다"라는 표현을 사용하면서, 고뇌와 해산의 고통을 통해 새로움(newness)에 이르기 위한 고투에 대해서 자세하게 설명한다. 그 새로움이란 하나님이 의도하시는 새로운 창조로, 아직 태어나지 않았으며 단지 기대 속에 있다. 나는 우리가 해산의 고통과 부르짖음과 절박한 요구를 너무 쉽게 지나쳐서는 안 된다는 점을 조심스럽게 말하고 싶다. 나의 동료 한 사람이 오래전에 그의 가정에서 일어난 매우 힘든 출산 과정에 대해 말해 준 적이 있다. 아기 아버지는 많이들 그렇듯이, 아기가 태어나는 순간에 병원에 있지 않았다. 아기가 태어났다는 소식을 듣자마자 그는 급히 병원으로 달려가서는, 방금 어머니가 된 그의 아내를 안심시킨답시고 이렇게 말했다고 한다. "음, 그렇게까지 힘들지는 않았지?" 종종 성차별주의자라고 비난받는 바울조차도 해산의 고통이 지닌 난처한 특성—그 고통이 얼마나 극심하고, 얼마나 괴롭고, 얼마나 참기 어려운지—에 대해 올바로 알고 있었다.

바울이 어디서 이 통찰을 얻었는지는 정확히 알 수 없다. 그러한 경험을 직접 겪을 수 없는 모든 남성 해석자와 마찬가지로, 바울도 어떤 텍스트로부터 그것을 배웠을 것이다. 바울보다 훨씬 이전에, 이사야서 전승에서 시인은 다음과 같은 하나님의 말씀을 전해 준다.

오랫동안 나는 침묵을 지켜 왔다.
  나는 가만히 자신을 억눌러 왔다.
이제 나는 해산하는 여인과 같이 부르짖을 것이다.
  숨이 차서 헐떡일 것이다.
나는 산들과 언덕들을 황폐하게 하고
  그 모든 초목을 마르게 할 것이다. (사 42:14-15)

이 비유에 따르면, 새로움은 결코 안락한 것이 아니다. 그것은 출산이라는 고투를 통해 오며, 이 과정에서 그 고투는 죽음의 고통으로 오인될 수도 있다. 또 시인의 묘사에 따르면, 이 새로움은 이스라엘 포로들의 귀환을 만들어 내실 하나님에게도 쉬운 일이 아니다. 새로움은 너무 오랜 세월 사망에 속박되었던 창조세계에도 편안한 일이 아니다. 이 책에서 충분히 다루지는 못하겠지만, 새로움의 **과정**은 극심한 고통의 과정이며, 너무 극심한 고통이기에 창조주도 창조세계도 이를 조용하고 침착하게 견딜 수 없을 것이다.

침묵하지 않음

이사야서의 이 본문(또는 로마서 본문)에서 하나님의 백성은 항의와 고뇌의 탄식이 낯설지 않다. 물론 하나님의 창조세계와 그 안의 모든 피조물이 학대와 수난을 당하려고 지음받은 것은 아니다. 그러므로 하나님의 형상인 인간, 하나님의 동반자인 하나님 백성, 그리고 하나님이 사랑하시는 창조세계 자체는 타고난 특성상, 죽음에 이르고 새 생명을 받는 과정에서 조용히 침묵을 지키지 않는다. 고통스러운 탄식을 언급하는 본문 중에 다음과 같은 것이 있다. "네가 무엇을 하였느냐? 네 아우의 피가 땅에서부터 나에게 울부짖는다!"(창 4:10) 죽음이 있는 옛 세상은 가인에 의해 이루어졌지만, 죽은 아벨은 완전히 사라지지 않았다. 아벨의 부르짖음은 신원해 달라는 부르짖음이며, 폭력에 의한 고통에 대한 부르짖음이다. 더 나아가, 이 부르짖음은 다시 주어질 생명의 부활을 향한 탄식이라고 볼 수도 있다. 아마도 이 부르짖음은 가인의 귀에만 들렸던, 살해당하는 아벨이 외친 소리일 것이다. 하지만 우리가 주목할 것은 그 부르짖음이 "땅에서부터"(*min-ha'adamah*) 들려왔다는 점이다. 땅은 바로 창조세계의 밑바탕을 형성하기 때문이다(창 2:5, 9; 3:17; 4:11-13; 5:29; 8:21을 보라). 땅은 인간이 폭력을 일삼는 무대이자 인간 폭력의 증인일 뿐 아니라, 피로 흠뻑 물든 땅에 비통을 초래하는 폭력의 잔여물을 영원히 실어 나르기도 한다.

고된 노동으로 탄식하는 이스라엘

세월이 많이 흘러서 이집트의 왕이 죽었다. 이스라엘 자손은 고된 노동으로 말미암아 탄식하며 부르짖었다. 고된 노동으로 말미암은 그들의 부르짖음이 하나님께 이르렀다. (출 2:23)

출애굽기 내러티브가 하나님의 주도로(칼뱅주의자들이 흔히 말하듯이) 시작되지 않는다는 것은 얼마나 놀라운가. 오히려 그것은 노예로 살아가던 이스라엘 자손이 참을 수 없이 무거운 압제의 짐으로 말미암아 "탄식하며 부르짖은"데서 시작된다. 창세기 4장을 넘어, 이제 이 부르짖음은 역사적 차원으로 들어왔고 창조세계의 직접적인 부르짖음이 아니다. 테렌스 프

레타임(Terence Fretheim)이 입증했듯이, 유감스럽게도 이스라엘 자손을 적대하는 방향으로 나아간 바로의 움직임과, 혼란을 초래하는 그의 법령에 대한 야웨의 반응은 창조 질서에 심각한 영향을 미쳤다.[1] 그 재앙들은 새로움을 위해 탄식하던 이스라엘 자손에게 응답하신 창조주의 행동이다. 예컨대, 우리는 나일강이 히브리 노예들의 부르짖음에 가담했을 것이라고 상상할 수 있다. 왜냐하면 나일강은 곧 죽음이 눈앞에 닥쳐왔음을 보여 주어 바로를 두렵게 하는 수단으로 사용될 것이기 때문이다(출 7:14-25을 보라). 이스라엘의 탄식은 분명히 이집트 온 땅에 울려 퍼졌을 것이다. 이집트 땅은 야웨의 정당한 손에서 강탈되어, 그릇되고 무질서한 통치에 맡겨졌기 때문이다.[2]

부르짖는 땅

만일 내 밭이 나를 향하여 부르짖고
  그 이랑들이 함께 눈물을 흘렸다면,
만일 내가 대가 없이 그 소출을 먹고

---

[1] Terence Fretheim, "The Plagues as Ecological Signs of Historical Disaster." 또한 Brueggemann, "*Theme* Revisited: Bread Again!"을 보라.

[2] Bruggemann, "Pharaoah as Vassal"을 보라.

그 소유주들을 죽게 했다면,

밀 대신 가시나무가 나게 하고

보리 대신 잡초가 나게 하라. (욥 31:38-40)

자신의 무죄를 주장하는 욥의 긴 설명(이는 종종 이스라엘 백성 윤리의 정점으로 여겨진다)이 생태적 진술로 마무리되는 것은 놀라운 일이다. 사실상 이 무죄 주장은 욥이 자신의 고발자에게 도전적으로 이의 제기를 하는 35-37절에서 절정을 이룬다. 욥이 화려한 수사를 펼치며 무죄에 대한 또 한 가지 극단적 주장을 제기하는 것을 제외하면, 무죄에 대한 진술은 그 절들에서 마무리된다. 욥은 자신이 생태계를 보호하며 돌보아 왔다고 주장하며, 심지어 이를 이웃 사랑에 대한 앞선 주장보다 더 강조한다. 욥은 땅이―아벨의 피로 물들었기 때문에―탄식하고 고통스러워하며 부르짖고 있음을 잘 안다. 여기서 좋은 소식은 욥이 생태계를 헌신적으로 돌본 결과 땅이 만족했다는 것이다. 땅은 분노에 대한 항의로 가시나무를 자라게 하거나, 복수심에 불타서 잡초가 자라나게 함으로 욥을 고소하지 않았다. 이 본문은 불필요하거나 언급되지 않은 탄식에 대해서는 소극적으로 이야기한다. 그렇지만 오늘날의 생태적 배경과 관련해서 우리는 욥의 무죄를 더 잘 인식할 수 있을 것이다. 왜냐하면 그는 땅을 잘 돌보아서 땅이 탄식

할 필요가 없게 만들었기 때문이다.[3]

돌들이 소리 지를 것이다

무리 가운데 섞여 있는 바리새파 사람 몇이 예수께 말하였다. "선생님, 선생님의 제자들을 꾸짖으십시오." 그러나 예수께서 대답하셨다. "내가 너희에게 말한다. 이 사람들이 잠잠하면, 돌들이 소리 지를 것이다." (눅 19:39-40, 새번역)

NRSV가 39절의 맨 마지막 구절에서 헬라어 동사 '크라주신'(krazousin)을 '소리 지르다'로 잘 번역하듯이, 이 본문은 분명 비통에 찬 부르짖음에는 관심을 기울이지 않는다. 여기서 돌들이 '소리 지를' 가능성은 38절의 제자들 무리가 주의 이름으로 오시는 왕을 환영하며 열정적으로 소리치지 않는 경우를 대비한 것이다. 소리치는 제자들은 예수님이 구현하는 새로움을 환영하지만, 바리새인들은 그 새로움을 멈추고 싶어 하며 반기지 않는다. 하지만 사람이 환호하지 않는다면, 사람이 아닌 피조물이라도 환호성을 지르는 것은 완벽하게 가능

---

3 Wendell Berry의 저서는 특히 이러한 지점과 관련이 있다. 예를 들면, Wendell Berry, *The Gift of the Good Land*를 보라. 또한 Dempsey and Butkus, *All Creation is Groaning*을 보라.

한 일이다(창조세계가 새로 오시는 왕을 환영하는 것에 대해서는 시 96:1-13을 보라). 누가복음의 이 상황은 탄식이 아닌 외침을 가리킨다. 하지만 똑같은 헬라어 동사가 비통의 부르짖음을 의미할 수도 있다는 점을 주목하라. 그리고 어느 경우든 환영의 외침은 옛것이 실패했기 때문에 새것을 열렬히 갈망하는 표현이다.

앞에서 언급한 네 개의 텍스트는 **부르짖음/외침/탄식**의 세계, 곧 로마서 8장의 탄식이 나타내는 **비통**과 **기대**의 세계를 대표한다. 새로운 창조는 쉽게 오지 않으며, 오직 비통과 희망을 모두 포괄하는 고통스러운 싸움을 통해서 온다.

새 창조의 도래

새 창조의 도래에 따르는 고통의 탄식과 희망의 외침에 대해 숙고하기 위해, 지금까지 로마서 8장의 탄식과 의미론적 측면에서 동일한 영역에 속하는 이 텍스트들을 상당히 길게 다루었다. 성경에서 말하는 신앙은 미래가 안락하고 편리한 선물이 아니라고 주장한다. 그것은 '진행'되는 가운데 자동으로 오는 '그다음'이 아니다. 퍼즐 맞추기와 비슷한 깔끔한 기술적 성취도 아니다. 오히려 그것은 신비에 싸인 하나님의 선물이다. 모든 피조물은 상당한 대가를 치르고 그 선물을 받으라는 초대를 받았다. 따라서 새로움의 탄식에 관한 신학적-예전적-목회적 질문은 중요하게 다가오며, 쉬운 해결책을 허락하지 않는다.

하나님의 편에서 보면, 새 창조는 하나님이 선택하시는 대로 올 것이다. 그러나 새 창조의 도래에는, 새로움의 탄식을 인간의 편에서 숙고해 보라고 요구하는 윤리적 열정이 있다. 인간의 편에서 새로움에 대한 진실은 하나님의 선물이 막대한 대가를 치르고 온다는 것, 그리고 그 대가는 곧 옛 창조가 실패했으며 제대로 기능하지 않는다는 인정과 새 창조를 올바르게 의도적으로 환영하는 것이 필요하다는 깨달음이라는 것이다. 결과적으로, 옛것에서 새것으로의 이동은 통제의 상실이라는 당혹스러움을 수반하는데 이는 포기와 양도에 따른 것이다. 탐욕스러운 획득을 특징으로 하는 옛 창조로부터 정의, 자비, 긍휼, 평화, 안전의 새로운 세상으로 이동하기 위해서는 사회 경제적이고 정치적인 관점에서 이전에 누렸던 것을 포기하고 회개하며 내어 주고 양보해야 한다. 그 이동은 세례 서약의 전형적 질문—"이제 당신은 마귀와 그 모든 행실을 끊어 버립니까?"—을 연상시키는데, 이는 우리의 심리치료적 문화(therapeutic culture)에서는 매우 거북하게 들린다. 이 경제적·정치적 차원의 포기는 막대한 상실로 경험될 것이며, 또 매우 구체적이고 실질적으로 깊은 탄식을 자아낼 것이다. 사실상 그 포기의 깊이는 바울이 로마서 6장에서 제시하는 세례의 구조와 다르지 않다. 그러므로 우리는 로마서 6장의 세례에서 이미 로마서 8장의 탄식에 대한 예고를 들을 수 있다.

> 그런즉 우리가 무슨 말을 하리요? 은혜를 더하게 하려고 죄에 거하겠느냐? 그럴 수 없느니라! 죄에 대하여 죽은 우리가 어찌 그 가운데 더 살리요? 무릇 그리스도 예수와 합하여 세례를 받은 우리는 그의 죽으심과 합하여 세례를 받은 줄을 알지 못하느냐? 그러므로 우리가 그의 죽으심과 합하여 세례를 받음으로 그와 함께 장사되었나니 이는 아버지의 영광으로 말미암아 그리스도를 죽은 자 가운데서 살리심과 같이 우리로 또한 새 생명 가운데서 행하게 하려 함이라. 만일 우리가 그의 죽으심과 같은 모양으로 연합한 자가 되었으면 또한 그의 부활과 같은 모양으로 연합한 자도 되리라. 우리가 알거니와 우리의 옛 사람이 예수와 함께 십자가에 못 박힌 것은 죄의 몸이 죽어 다시는 우리가 죄에게 종 노릇 하지 아니하려 함이니 이는 죽은 자가 죄에서 벗어나 의롭다 하심을 얻었음이라. 만일 우리가 그리스도와 함께 죽었으면 또한 그와 함께 살 줄을 믿노니. (롬 6:1-8, 개역개정)

탄식은 충격과 당혹감, 그리고 죽음의 옛 세상과 생명의 새 세상 사이에 서 있음을 인정하는 표시다. 바울이 잘 이해하듯이, 옛 세상과 새 세상 사이의 순간은 피할 수 없지만 또한 새 창조로 진입하는 좁은 입구다. 탄식은 하나님의 새 창조라는 미래로 들어가는 문이다.

미래 없는 탄식

나는 **미래 없는 탄식**을 상상할 수 있다. 그것은 새로운 선물도 없고 새 창조도 없는 포기에 불과하다. 왜냐하면 새 창조는 단지 약속일 뿐 보장된 것이 아니기 때문이다. 속속들이 세속적인 현대/포스트모던 세상에서 사람들은 새로움에 대한 종교적 주장을 낭만주의에 불과한 것으로 여기거나, 새로움이라는 기대되는 선물의 배후에 선물을 주는 어떤 존재도 없다고 생각하기를 좋아한다. 물론 그러한 생각은 이 책이 다루는 영역이나 이 책을 쓰게 만든 신앙의 영역 바깥에 있지만, 그 생각에서 우리는 분명 실재하는 잠재적 **절망**을 엿볼 수 있다. 새로움에 대한 강한 옹호와 옛것에 대한 겸손한 포기의 한가운데, 앞으로 어떤 새 창조도 없을 것이라는 심각한 절망의 위협이 도사리고 있다. 더 나아가, 내가 보기에 그러한 절망은 단순히 외부 세계가 아니라 오히려 신앙인들 사이에 있다. 우리는 너무 낙관적이어서 때로 새 창조를 너무 쉽게 이야기하는지도 모른다.

탄식 없는 미래

그러나 나의 진정한 의도는 미래 없는 탄식이 아니라 **탄식 없는 미래**에 주목하려는 것이다. 다른 말로 하면, 기독교 예전이 시사할 수 있듯, 성금요일 없이 부활주일을 제시하는 문제점을 지적하려는 것이다. 심리 치료적 문화 안에서 현실은 지나치게 빨리 오락으로 축소되며, 언제든 탄식을 지울 준비가 되어 있다. 그리고 죽음이나 출산의 고통이 없는 쉬운 방법으로 옛것으로부터 새것을, 죽음으로부터 생명을 얻을 수 있다고 상상한다. 즉, 전 세계 경제에서 추구하는 이데올로기와 낙천적인 종교적 확신은 짝을 이루어 부인(denial)의 행위, 곧 고통이나 트라우마나 새로움에 따르는 대가를 전혀 인정하지 않은 채 거기에서 여기로 도달하려 하는 하나의 관습이 된다. 우리가 잘 알고 있듯이, 인간 편에서 새 창조란 돌봄을 위한 새로운 네트워크다. 그것은 지배와 착취의 종말, 진리의 통제와 확실성을 독점하는 것에 대한 종말, 석유에 의존하여 누렸던 안락함의 종말을 요구한다. 그와 같은 안락함은 매일을 편안함, 위로, 사치, 낭비와 자기 탐닉을 위한 날들로 만든다. 그렇지만 돌봄을 위한 새로운 네트워크는 창조세계를 놀라운 선물일 뿐 아니라 타협할 수 없는 한계로 기꺼이 바라보는 사고에 달려 있다.

탄식은 큰 소리로 외치는 보상받지 못한 아벨의 피, 이집트에서의 견디기 힘든 노예 생활, 욥이 상정한 황폐해진 밭, 또는 돌들이 한데 외치는 열렬한 환영일 수 있다. 그러나 새 창조의 탄식은 차를 잃어버린 부유층, 새로운 과학 기술을 사용하지 못하는 학자들, 재산을 쉽게 형성할 방법을 놓친 납세자들의 입에서 나올 수도 있다. 우리는 피조물의 실제 생활로부터 의미심장한 탄식을 제거해서는 안 된다. 왜냐하면 우리는 자율을 경험해 왔으며, 또 새로움이라는 비상사태에서 창조주가 요구하는 책임을 몹시 싫어하기 때문이다. 따라서 나는 우리가 우리를 기다리는 탄식의 예전적·예술적·정치적·경제적·과학적 차원에 대해 진지하게 숙고해 볼 것을 제안한다. 왜냐하면 부인의 악순환은 오직 우리 가운데서 터져 나오는 탄식의 진리로만 끊을 수 있기 때문이다.

포기와 단념을 위한 교육

무비판적이고 체계적인 풍요는 소비중심주의를 생겨나게 하는데, 그것은 우리를 옛 창조세계와 그 치명적 영향력에 계속 사로잡히게 하는 대단한 마취제다. 그 마취제의 영향력 아래, 우리는 인간이 아닌 피조물의 탄식을 듣는 법을 배우지 못하고, 인간의 깊은 한숨을 제대로 파악하지 못한다. 그 마취제의 영향력 아래, 심리치료사, 경영자, 연예인 들이 비판적 논의를 하찮아 보이게 만든다. 섹스, 권력, 돈, 안전은 체계적인 부인의 결정적 특징이 되었다. 부르짖음은 부인의 악순환을 깨트린다. 그러나 우리가 미루는 만큼 그 부르짖음도 계속될 것이다. 이 위기와 부인의 순간에 우리가 그 탄식을 듣고자 한다면, 또 우리가 부지중에 "음, 그렇게까지 힘들지는 않았지?"라는 말을 하지 않고자 한다면, 반드시 포기와 단념을 위한 교육이 실행되어야 한다. 바울도 깊이 탄식하며 말했겠지만, 지금은 사정이 매우 나쁘다. 전망은 매우 영광스럽지만, 지금 사정은 매우 나쁘다.

추방과 십자가

우리에게는 두 가지 습성이 있다. 한편으로, 실패한 창조세계를 인정하면서도 탄식하기를 거부하는 **부인**이다. 다른 한편으로, 탄식 이후에 새로움을 기대하지 않는 **절망**이다. 이 두 가지 습성은 새로움을 불가능하게 한다. 왜냐하면 탄식이 없으면 새로움이 태어날 수 없고, 희망이 없으면 탄식에서 빠져나올 수 없기 때문이다. 물론, 새 창조는 하나님이 우리 가운데 주시는 완전한 선물이다. 그러나 그 선물은 오직 옛 창조세계 안에서 탄식하며, 새로움에 대한 기대 속에 옛 세계를 단념할 때에만 주어진다. 창조세계의 탄식이 저절로 새로움을 가져올 수는 없다. 하지만 그 새로움이 오기 위해서는 반드시 탄식이 필요하다. 그리고 만약 창조세계가 해산의 고통을 겪으며 탄식하는 것이 필수 조건이라면, 창조세계 안에서 각자에게 맡겨진 역할을 가장 많이 오해해 온 인간이라는 피조물이 반드시 가장 많이 탄식해야 한다. 인간은 옛 창조세계에서 부여받은 자신의 역할을 가장 심각하게 망치고 말았으므로, 반드시 탄식해야 한다. 피조물인 인간은 하나님께 특별한 은사들을 받았다. 그러므로 인간은 반드시 새 창조를 맞이하기를 희망해야 한다.

절망을 부수는 탄식과 부인을 극복하는 부르짖음에 대한 본보기를 찾고자 한다면, 성경에서 진정한 생명을 잠깐 들여다볼 수 있는 단서를 제공해 주는 두 곳을 살펴볼 수 있다. 첫째로, 이사야 65:17-25의 "새 하늘, 새 땅, 새 예루살렘"을 포함하여, 구약성경에서 새로움에 대한 희망의 적절한 사례는 **추방**[바빌로니아 유수]이다. 추방—과거 모든 것들과의 단절—은 그러한 희망의 배경이다. 더욱이 고대 이스라엘에서 모든 희망은 예레미야애가 이후, 다시 말해 대규모로 공공연하게 큰 소리로 탄식한 이후에 이루어진다.

이와 비슷한 방법으로, 신약성경에서는 수난의 금요일에 **십자가**에서 외치는 예수님의 목소리가 부활의 새로움으로 나아가는 길을 여는 탄식이다. 버림받고 십자가에 달린 예수님은 시편 22:1의 말씀을 부르짖었다. 이 부르짖음은 심지어 새로움의 희망을 구현하는 메시아조차 반드시 추방을 통해서 새로움을 얻을 수 있다는 사실을 서사적 예전으로 인정하는 것이다. 새 창조를 희망하는 우리가 우리를 죽음으로 이끄는 현재의 역기능과 단절하고, 새로움을 낳으시는 하나님께 맞추어 탄식의 소리를 발할 때, 오직 그때에야 하나님이 새로움을 주실 것이다.

내가 탄식을 강조하는 이유는, 지금 세계화라는 형태로 나타나는 진화론적 발전 세력이 '역사의 종말'에 구현되는 새 창조를 믿기 때문이다. 그러나 과학 기술의 날개를 달고 오는 그와 같은 새 창조는 거짓말이다. 하나님의 새로움은 자축하는 낙관성을 통해 주어지지 않으며, 오히려 자신들이 스스로 불러낼 수 없는 것을 받아들이는 이들의 솔직함과 희망 안에서 주어진다. 성경의 주장은 비관주의를 제시하지 않는다. 그 대신, 새로움이 부재하는 시기에 충분히 오래 기다리려 하지 않는 합리적 낙관주의를 반박한다. 새로움은 그것이 부재할 때 온다. 그래서 신실하고 솔직하며 기대하는 상상력의 역할은 그 부재를 온전히 활용하며 있는 힘껏 탄식하는 것이다. 그렇게 하는 이들은 우리가 하나님의 자녀로 받아들여지는 것과 우리 몸의 구속을 기다리는 동안 우리 안에서 탄식하시는 성령의 첫 열매들 가운데 포함될 것이다. 만약 그보다 더 쉽고 더 적은 대가를 요구하는 다른 길이 있다면, 우리는 해산의 고통을 겪기보다는 고통과 고뇌 없이 평화롭게 성숙하고자 할 것이다. 그러나 우리 앞에 있는 것은 오직 해산의 고통이다. 그러한 솔직함과 희망에 대해 아무도 이렇게 말하지는 못할 것이다. "음, 그렇게까지 힘들지는 않았지?"

들으시는 주님!

우리는 주님께 드리는 예배가 즐겁기를 바랍니다.
우리는 교회가 '마을에서 가장 행복한 장소'이기를 원합니다.
우리는 주께서 약속하신 나라가
   실망의 말이 단 한마디도 들리지 않는 곳이라 생각합니다.
그렇지만 현실은…
   고난과 죽음,
   팬데믹과 바이러스,
   상상을 초월하는 손실!
이 현실은 선진국의 동화 같은 삶에 대한 우리의 행복한 환상을 깨트리고,
   우리는 얼음처럼 싸늘한 두려움과
      헤아릴 수 없는 궁핍 앞에 남겨집니다.
그래서 우리는 절박하게 부르짖습니다.
들으소서, 도우소서, 구원하소서!
   우리는 부르짖습니다. 지난날 부르짖었던 모든 믿음의 백성과 함께.
   우리는 부르짖습니다. 이집트 노예들의 부르짖음 이후로,
      부르짖음은 우리를 지으신 당신께 드리는
      우리의 가장 기본적인 언어이기 때문입니다.
   우리는 부르짖습니다. 절망 속에서가 아니라, 주께서 들으신다는

확신 속에서.
오직 주님, 주님 한 분만이 슬픔을 기쁨으로,
　　애도를 춤으로,
　　울음을 웃음으로 바꾸실 수 있습니다.
그러므로 이제 들으시고 도우시고 구원하시는 하나님이여,
　　들으시고 행하시고 새롭게 하소서!
　　　　우리에게 용기와 인내를 주소서.
　　　　이 바이러스가 끝나게 하소서.
　　　　우리 심령을 부유하게, 물질에 가난하게 하소서.
　　　　이웃 사랑을 위한 질서를 세우고,
　　　　재물을 관대하게 베풀며,
　　　　두려움으로부터 자유롭게 하소서.
　　　　　　그러나 무엇보다도 이 바이러스를 속히 끝내소서!
죽음의 권세를 이기시고, 악의 세력을 물리치시고,
　　문둥병의 참을 수 없는 고통을 없애 주시고,
　　　　행복과 기쁨과 평화의 춤의 왕이 되신
　　　　　　예수님의 이름으로 기도합니다.
우리는 기도합니다.
우리는 신뢰합니다.
우리는 소망합니다.…당신 안에서.
아멘.

참고 도서

Anderson, A. A. *Book of Psalms*. 2 vols. New Century Bible. London: Oliphant, 1972.

Barth, Karl. *Church Dogmatics*. 3/3: *The Doctrine of Creation*. Edited by Geoffrey W. Bromiley and T. F. Torrance. Translated by Geoffrey W. Bromiley and R. J. Ehrlich. Edinburgh: T. & T. Clark, 1960.

_____. *Prayer according to the Catechisms of the Reformation*. Translated by Sara F. Terrien. Philadelphia: Westminster, 1952. 『칼 바르트 기도』(복있는사람).

Berry, Wendell. *The Gift of the Good Land: Further Essays Cultural and Agricultural*. San Francisco: North Point, 1981.

Brueggemann, Walter. "Pharaoah as Vassal: A Study of a Political Metaphor." *Catholic Biblical Quarterly* 57 (1995), 27-51.

_____. *Praying the Psalms: Engaging Scripture and the Life of the Spirit*. 2nd ed. Eugene, OR: Cascade Books, 2007. 『시편의 기도』(CLC).

_____. *The Spirituality of the Psalms*. Minneapolis: Fortress, 2002.

_____. "*Theme* Revisited: Bread Again!" In *Reading from Right to Left: Essays on the Hebrew Bible in Honour of David J. A. Clines*, edited by J. Cheryl Exum and H. G. M. Williamson, 76-89. Journal for the Study of the Old Testament

Supplements 373. London: T. & T. Clark, 2003.

Calvin, John. *Commentary on the Book of Psalms*. Vol. 2. Translated by James Anderson. Edinburgh: Calvin Translation Society, 1846. 『칼빈성경주석 8: 시편 2』(성서교재간행사).

Dempsey, Carol J., and Russell A. Butkus, eds. *All Creation Is Groaning: An Interdisciplinary Vision for Life in a Sacred Universe*. Collegeville, MN: Liturgical, 1999.

Forman, Kristen L., ed. *A New Century Hymnal Companion: A Guide to the Hymns*. Cleveland: Pilgrim Press, 1998.

Fretheim, Terence E. "The Plagues as Ecological Signs of Historical Disaster." *Journal of Biblical Literature* 110 (1991) 385-396.

Janzen, J. Gerald. "Metaphor and Reality in Hosea 11." *Semeia* 24 (1982) 7-44.

Kaufman, Gordon D. *Theological Imagination: Constructing the Concept of God*. Philadelphia: Westminster, 1981.

Kraus, Hans-Joachim. *Psalms 60-150*. Translated by John J. Scullion. Continental Commentaries. Minneapolis: Augsburg, 1989.

Lasch, Christopher. *The Culture of Narcissism: American Life in an Age of Diminishing Expectations*. New York: Norton, 1978. 『나르시시즘의 문화』(문학과지성사).

Lifton, Robert J. *The Broken Connection: On Death and the Continuity of Life*. New York: Simon & Schuster, 1979.

Otto, Rudolf. *The Idea of the Holy: An Inquiry into the Non-Rational Factor in the Idea of the Divine and Its Relation to the Rational*. Translated by John W. Harvey. London: Oxford University Press, 1958. 『성스러움의 의미』(분도출판사).

Soelle, Dorothee. *Suffering*. Translated by Everett R. Kalin. Philadelphia: Fortress, 1975. 『고난』(한국신학연구소).

추천 도서

Brueggemann, Walter. *Awed to Heaven, Rooted in Earth: Prayers of Walter Brueggemann*. Edited by Edwin Searcy. Minneapolis: Fortress, 2003.

_____. *Embracing the Transformation*. Edited by K. C. Hanson. Eugene, OR: Cascade Books, 2014.

_____. *Hopeful Imagination: Prophetic Voices from Exile*. Philadelphia: Fortress, 1986.

_____. *Into Your Hand: Confronting Good Friday*. Eugene, OR: Cascade Books, 2014.

_____. *An Introduction to the Old Testament: The Canon and Christian Imagination*. 2nd ed. Louisville: Westminster John Knox, 2012. 『구약개론』(CLC).

_____. *The Practice of Homefulness*. Edited by K. C. Hanson. Eugene, OR: Cascade Books, 2014.

_____. *The Practice of Preaching an Emancipatory Word*. Minneapolis: Fortress, 2012.

_____. *Prayers for a Privileged People*. Nashville: Abingdon, 2008.

_____. *Praying the Psalms: Engaging Scripture and the Life of the Spirit*. 2nd ed. Eugene, OR: Cascade Books, 2007.

_____. *The Prophetic Imagination*. 40th anniversary ed. Minneapolis: Fortress, 2018. 『예언자적 상상력』(복있는사람).

_____. *Reality, Grief, Hope: Three Urgent Prophetic Tasks*. Grand Rapids: Eerdmans, 2014.

_____. *Remember You Are Dust*. Edited by K. C. Hanson. Eugene, OR: Cascade Books, 2012.

_____. *Sabbath as Resistance: Saying No to the Culture of Now*. Louisville: Westminster John Knox, 2012. 『안식일은 저항이다』(복있는사람).

_____. *Tenacious Solidarity: Biblical Provocations on Race, Religion, Climate, and the Economy*. Edited by Davis Hankins. Minneapolis: Fortress, 2018.

_____. *Truth Speaks to Power: The Countercultural Nature of Scripture*. Louisville: Westminster John Knox, 2013. 『진리가 권력에 말하다』(한국장로교출판사).

_____. *Truth-Telling as Subversive Obedience*. Eugene, OR: Cascade Books, 2011.

Brueggemann, Walter, with Carolyn J. Sharp. *Living Countertestimony: Conversations with Walter Brueggemann*. Louisville: Westminster John Knox, 2012.

Fretheim, Terence E. *Creation Untamed: The Bible, God, and Natural Disasters*. Grand Rapids: Baker Academic, 2010.

_____. *God and the World in the Old Testament: A Relational Theology of Creation*. Nashville: Abingdon, 2005.

Hankins, Davis. *The Book of Job and the Immanent Genesis of Transcendence*. Diaresis. Evanston, IL: Northwestern University Press, 2011.

Linafelt, Tod. *Surviving Lamentations: Catastrophe, Lament, and Protest in the Afterlife of a Biblical Book*. Chicago: University of Chicago Press, 2000.

Ward-Lev, Nahum. *The Liberating Path of the Hebrew Prophets: Then and Now*. Maryknoll, NY: Orbis, 2019.

성경 찾아보기

구약

창세기
2:5	134
2:9	134
3:17	134
4장	134
4:10	133
4:11-13	134
5:29	134
8:21	134

출애굽기
2:23	134
4:22	33
6:6	29
6:7	30
7:5	30
7:14-25	135
7:17	30
8:10	30
8:22	30
9:4	31
9:23-26	31
9:29-30	30
10:2	30
11:5-7	31-32
11:7	30
14:4	30
14:17-18	30
14:18	30
14:30	30
15:11	110
19:4-6	88

레위기
26:23-26	23
26:25-26	61

민수기
10:35-36	91

신명기
4:7-8	113
4:8	108, 118
4:12	108
14:1-21	42
28:20	25
28:21-34	24-25, 61
28:21	25
28:25	25
28:30-33	25

사무엘상
6:19-20	42
18:25-27	63

사무엘하
6:6-11	42
7:14-16	91
7:15	64-65
22:51	65
24장	37

24:1-25	59-69	8:61	89	31:38-40	135-136
24:10	60	9:1-9	92	38:4-11	38-39
24:12-13	24	9:3	92	38:31-33	39
24:14	64-65			39:1-2	39
24:15-17	67	**역대상**		39:9-12	39
24:24-25	67	21:1-27	60	40:4	40
				40:14	40
열왕기상		**역대하**		41:1-7	39
8장	89, 91, 95	6장	92-93	42:2	41
8:23-53	85-99	6:14-42	90	42:6	41
8:30	87	6:28-31	91		
8:31-53	86	6:28	93	**시편**	
8:31	87	6:42	91, 97	1:6	22
8:32	87	7장	92	14편	114
8:33	87	7:12-16	92	19:5	75
8:34	87	7:13-14	92	22:1	145
8:35	87	7:14	93	22:17	105
8:36	87	20:6-12	93	29편	119
8:37	87, 89	20:6	93	71:22	110
8:38	89	20:9	24, 93	77편	103-122
8:39	87, 90	20:12	93	77:1-10	116
8:41	87	20:20-30	93	77:1-6	104-105, 106, 108, 109, 111, 115, 117, 119, 120
8:43	87				
8:44	87	**욥기**			
8:45	87	28:11	47		
8:46-48	87	28:12	47		
8:49	87	28:20	47	77:7-9	105, 108, 109, 114, 115, 120
8:52	88	28:23-27	48		
8:53	88, 91, 97	28:28	48		
8:58	89	31:35-37	136	77:10	109, 110,

		잠언		16:6-9	74
	114, 115,	16:2	45	21:9	26, 61
	116, 117,	16:9	45	24:10	26, 61
	121-122	19:21	45	25:10-11	74
77:11-20	109, 119,	20:24	45	29:14	77
	120	21:2	45	29:18	26, 61
77:11	114, 115,	21:30-31	45	30:3	77
	116, 117,	25:2	49	30:18	77
	118			31:2	81
77:12	118, 120	이사야		31:23	77
77:13	118	2:6-8	36	32:36	26, 61
77:14	121	2:10	33	32:44	77
77:15-20	119, 120	2:12-17	33	33:7	77
77:15	119, 121	2:19	33	33:26	77
77:16-19	121	2:22	35	33:10-11	75-76
77:16-18	119	14:27	43	33:11	76-77, 80
77:16	119	19:22	37	34:17	26, 61
77:17-18	119	42:14-15	132	38:2	26, 61
77:19-20	119	43:18-19	125-128	42:17	26, 61
77:20	121	45:9-10	44	42:22	26
89:19	110	49:15	65	44:13	26, 61
91:3-6	66	55:8 이하	110		
96:1-13	138	61:10	75	에스겔	
103:9-10	66	62:5	75	6:11	26, 61
105:26-36	32	65:17-25	145	7:15	26, 61
105:37	32			12:16	26, 61
114:3-4	119	예레미야			
136편	76	7:33-34	73-74	다니엘	
145:16	115	14:13	25-26	4:35	44-45
		15:2	26, 61		

성경 찾아보기

요엘		마가복음		6:1-8	140
2:16	75	8:35	116	8장	140
		11:18	19	8:22	131
아모스					
7:13	95	누가복음		데살로니가전서	
		2:1	60	5:17	86
요나		15:25	78		
4:1	111	15:32	78	히브리서	
4:9	111	18:11	105	11:1	82,
		19:38	137		127-128
신약		19:39-40	137		
				요한계시록	
마태복음		로마서		6:8	24
7:7-11	100-103	6장	140		

옮긴이 신지철은 총신대학교 신학과를 졸업한 후 독일 트리어 대학교 고전문헌학부에서 수학했다. 독일 뮌헨 대학교에서 고전 그리스어, 라틴어, 고전 히브리어를 연구했으며, 같은 대학교 개신교 신학부에서 (전문 분야) 성령론 및 삼위일체론을 연구하고 박사 과정을 수료했다. 아가페 출판사 편집장을 지냈으며 스터디 바이블 『오픈 성경』과 『오픈 해설 찬송가』를 기획, 집필, 편집했다. 옮긴 책으로는 『개혁교회 교의학』 『주 예수의 복음』 『하나님의 비밀』(이상 새물결플러스), 『복음서를 통해 본 예수』(솔로몬), 『하이델베르크 교리문답 입문』 『왜 우리는 하이델베르크 교리문답을 사랑하는가』 『누가복음 1, 2』 『요한복음』(공역) 『ESV 스터디바이블』(공역, 이상 부흥과개혁사) 등이 있다.

다시 춤추기 시작할 때까지

초판 발행_ 2020년 6월 29일
초판 5쇄_ 2021년 1월 5일

지은이_ 월터 브루그만
옮긴이_ 신지철
펴낸이_ 정모세

펴낸곳_ 한국기독학생회출판부
등록번호_ 제313-2001-198호(1978.6.1)
주소_ 04031 서울시 마포구 동교로 156-10
대표 전화_ (02)337-2257 팩스_ (02)337-2258
영업 전화_ (02)338-2282 팩스_ 080-915-1515
홈페이지_ http://www.ivp.co.kr 이메일_ ivp@ivp.co.kr
ISBN 978-89-328-1765-1

ⓒ 한국기독학생회출판부 2020

책값은 뒤표지에 있습니다.
무단 전재와 복제를 금합니다.